「嫉妬・老害・ノーベル賞の三角関数」

守護霊を認めない理研・
野《の》依《より》良《りょう》治《じ》理事長の守護霊による、
STAP細胞潰《つぶ》し霊言

されど「事実」は
時に科学者の「真実」を超える

RYUHO OKAWA
大川隆法

本霊言は、2014年4月15日、幸福の科学総合本部にて、
質問者との対話形式で公開収録された(写真上・下)。

まえがき

『小保方晴子さん守護霊インタビュー　それでも「ＳＴＡＰ細胞」は存在する』が昨日、四月十五日に発売された当日、ハーバード大のバカンティ教授が来日して、日本のマスコミをシャットアウトして京都で講演した。ハーバードで小保方さんと共同研究していたバカンティ氏は、日本の科学者の情けなさとマスコミの堕落ぶりをあきれかえりながら、「ＳＴＡＰ細胞」は存在することと、小保方さんに「ボストン（ハーバード大学）に帰っておいで」というメッセージを残したらしい。

さて本書は、理研理事長でノーベル化学賞も受賞した野依良治氏の守護霊による反論である。

まさしく「事実」は、野依氏の考える「真実」の敵であったらしい。優秀な科学者は時には虫の眼で広い世界を測ろうとする。この落とし穴には十分に注意されるがよかろう。

二〇一四年　四月十六日

幸福《こうふく》の科学《かがく》グループ創始者兼総裁《そうししゃけんそうさい》　大川隆法《おおかわりゅうほう》

「嫉妬・老害・ノーベル賞の三角関数」守護霊を認めない
理研・野依良治理事長の守護霊による、ＳＴＡＰ細胞潰し霊言

目次

「嫉妬《しっと》・老害・ノーベル賞の三角関数」守護霊《しゅごれい》を認めない
理研《りけん》・野依良治《のよりりょうじ》理事長の守護霊による、STAP《スタップ》細胞《さいぼう》潰《つぶ》し霊言《れいげん》

――されど「事実」は時に科学者の「真実」を超《こ》える――

二〇一四年四月十五日　収録
東京都・幸福の科学総合本部にて

「霊言現象《れいげんげんしょう》」とは、あの世の霊存在の言葉を語り下ろす現象のことをいう。これは高度な悟《さと》りを開いた者に特有のものであり、「霊媒現象《れいばいげんしょう》」（トランス状態になって意識を失い、霊が一方的にしゃべる現象）とは異なる。外国人霊の霊言の場合には、霊言現象を行う者の言語中枢《ちゅうすう》から、必要な言葉を選び出し、日本語で語ることも可能である。

また、人間の魂《たましい》は原則として六人のグループからなり、あの世に残っている「魂の兄弟」の一人が守護霊《しゅごれい》を務めている。つまり、守護霊は、実は自分自身の魂の一部である。したがって、「守護霊の霊言」とは、いわば本人の潜在《せんざい》意識にアクセスしたものであり、その内容は、その人が潜在意識で考えていること（本心）と考えてよい。

なお、「霊言」は、あくまでも霊人の意見であり、幸福の科学グループとしての見解と矛盾《むじゅん》する内容を含《ふく》む場合がある点、付記しておきたい。

「嫉妬《しっと》・老害・ノーベル賞の三角関数」

守護霊《しゅごれい》を認めない理研《りけん》・野依良治《のよりりょうじ》理事長の守護霊による、ＳＴＡＰ《スタップ》細胞潰《さいぼうつぶ》し霊言《れいげん》

――されど「事実」は時に科学者の「真実」を超《こ》える――

二〇一四年四月十五日　収録

東京都・幸福の科学総合本部にて

野依良治《のよりりょうじ》（一九三八〜）

化学者。工学博士。兵庫《ひょうご》県出身。灘《なだ》中学校・灘高等学校を経て、京都大学工学部工業化学科を卒業、同大学大学院修士課程を修了《しゅうりょう》後、同大学工学部助手になる。同大学にて工学博士号取得後、名古屋《なごや》大学理学部助教授、ハーバード大学博士研究員、名古屋大学理学部教授、同大学物質科学国際研究センター長等を歴任、二〇〇一年に「キラル触媒《しょくばい》による不斉《ふせい》反応の研究」でノーベル化学賞を受賞した。二〇〇三年以降、独立行政法人理化学研究所（理研《りけん》）の理事長を務めている。

質問者　※質問順

綾織次郎《あやおりじろう》（幸福の科学上級理事 兼《けん》「ザ・リバティ」編集長 兼 幸福の科学大学講師※）

里村英一《さとむらえいいち》（幸福の科学専務理事〔広報・マーケティング企画《きかく》担当〕）

斉藤愛《さいとうあい》（幸福の科学理事 兼 宗務《しゅうむ》本部第一秘書局長 兼 学習推進室顧問《こもん》）

［役職は収録時点のもの］

※幸福の科学大学（仮称）は、2015年開学に向けて設置認可申請中につき、大学の役職については就任予定のものです。

1 反論にやって来た野依《のより》氏の守護霊《しゅごれい》

「小保方《おぼかた》氏守護霊《しゅごれい》の霊言《れいげん》」の撤回《てっかい》を求める野依《のより》氏守護霊

大川隆法　今朝（二〇一四年四月十五日）は、私の著書二点の校正原稿《げんこう》が上がってくる予定になっており、本当は、それを見ることになっていたのですが、昨日の夜、その予定が変わりました。

昨日は、晩ご飯を食べたあと、当会の広報局から、いろいろと報告のレターが来たのですが、小保方晴子《おぼかたはるこ》さん関連の報告が幾《いく》つかあり、小保方さんと当会との関連に言《げん》及《きゅう》した雑誌記事等についてのものもありました。ある程度、波風が立つことは予想していたので、「不動心《ふどうしん》で頑張《がんば》りなさい」というような返事を書いておきました。

そのあと、校正をする予定になっていた原稿（守護霊霊言《しゅごれいれいげん》）の本人の著作を読み直していたら、どうも体が重く感じられるので、「何かが来たな」と思い、調べてみたところ、面識もないので予想外ではあったのですが、野依良治《のよりりょうじ》さんの守護霊がお出《い》でになって、話をしました。

夜の八時少し過ぎぐらいから来ていて、お帰りになったのは九時四十分か五十分ぐらいだったと思いますが、実は昨日で「霊言一本分」の話が終わっているのです（笑）。今日、それをもう一回やらされる感じになります。

『小保方晴子さん守護霊インタビュー　それでも「STAP《スタップ》細胞《さいぼう》」は存在する』（幸福の科学出版刊）という本が、今日から書店に並ぶと思いますが、野依さんの守護霊が昨日来て言ったことは、要するに、「撤回《てっかい》せよ」ということでした。

STAP細胞についての論文だけではなく、この本も撤回してほしいらしく、「回収をかけるなら、早くかけないといかん。そのために私の霊言が必要だ。『いかに間《ま》違《ちが》っているか』ということを言う必要がある。これをやらないといかん。片方の話だけ聞いて、反対側の話を聞かないのは、フェアではない」というような言い方をしていました。

本人は、おかしなことに、昨日語ったところによれば、無神論者、唯物論《ゆいぶつろん》者で、霊界《れいかい》を信じていませんし、もちろん、守護霊も信じていないのです。守護霊を信じていない人が「守護霊霊言を録《と》れ」と言うので（会場笑）、まことに面妖《めんよう》などというか、複雑怪奇《かいき》な話なのですが、専門外のことであれば、そんなことは関係がないのかもしれません。

「では、あなたは、なぜ、ここに来ているのだ?」という話をしても、その答えは、要するに次のようなものでした。

「野依良治の想念、頭のなかで考えていることは、脳波が電波のように飛んでいて、それをラジオやハム（アマチュア無線）のような感じで受信する装置か機能が、こちらにはあるのではないか。

『小保方晴子さん守護霊インタビュー　それでも「ＳＴＡＰ細胞」は存在する』（幸福の科学出版）

あるいは、科学は、超能力系《ちょうのうりょく》のＥＳＰ《イーエスピー》（超感覚的知覚）を、全部、否定しているわけではないので、そういうことが何らかのかたちでできる可能性もないわけではない。守護霊の存在を信じているわけではないけれども、野依が考えていることは、こちらに何かキャッチされているのだろう。そういうかたちで、今、意見が言えるのだろうとは思うので、反論させろ」

このようなことを、野依さんの守護霊は言っていたのです。

「ガリレオのように、いじめられている」のは野依理事長？

大川隆法　「この本（小保方晴子の守護霊霊言）が売れて、おまえらの意見が通ってしまうと、理研《りけん》の予算削減《さくげん》や閉鎖《へいさ》につながるかもしれないし、場合によっては、自分自身（野依氏本人）の辞職も、今週か来週中にもあるかもしれないので、反撃《はんげき》しないと困るんだ」ということで、そうとう粘《ねば》られました。

「返事を聞くまでは、今晩、帰らん。朝まで帰らんぞ」とおっしゃるのですが、それではたまらないので、「どうしたらよいのですか」と訊《き》いたら、「明日《あす》の朝、私の霊言を、反論として録《と》れ。それを確約したら、帰ってやる」と言われ、向こうから題名まで指定されました。

それは「『反論』真の科学の神は語る——野依良治 ガリレオはオレだ!?——」という題で、「明日《あした》やれ。これなら、今晩は帰って、寝《ね》かせてやる」ということでした。

ただ、霊言の内容によっては「真の科学の神は語る」が、「真の科学の敵は語る」になる可能性もないわけではありません。

また、転生輪廻《てんしょうりんね》を信じていない人が、「ガリレオはオレだ」と言っているのですが、これは、「ガリレオの生まれ変わり」という意味ではなくて、「宗教の異端審問《いたんしんもん》を受け、いじめられ、クビにされかかっているのはオレだ」という意味であり、「小保方さんのほうにガリレオを語られたのでは困る。オレが、今、宗教にいじめられて危なくなっとるんだ」ということのようです。

そういう意味なので、この題で本が出るかどうかは知りませんが（注。霊言収録後、タイトルは変更《へんこう》された)、とりあえず、「これでやる」ということにしないと帰ってくれないので、昨日、夜の十時前に、この題に決め、宗務《しゅうむ》本部長に電話をしました。

野依さんの守護霊は、けっこう〝詰《つ》め〟のしっかりした方で、「おまえらが言っても信じられんから、電話をしろ!」と言うのです。

それで、電話をかけ、「この題でやりたい」と言い、コンファーム(確認)をしたところ、「それなら分かった。帰ってやる」と言いました。ただ、「一時間に一回ぐらい、見回りに来るかもしれない」というような言い方もしていたのです。

還暦《かんれき》を過ぎてから「ノーベル化学賞」を受賞した野依氏

大川隆法　私は、今朝、急遽《きゅうきょ》、野依さんの著書を読んできました。それは、朝日選書の『人生は意図を超《こ》えて ノーベル化学賞への道』(朝日新聞社刊)と『私の履歴書《りれきしょ》 事実は真実の敵なり』(日本経済新聞出版社刊)ですが、ついでにガリレオの本も少し読んできています。

野依さんは、化学者としては、ごく普通《ふつう》に成功された、立派な方なのだろうと推定はされます。

ただ、今の当会には、科学とややぶつかる領域が出てきつつあります。

例えば、分子生物学の分野では、「生命の誕生」の部分などがそうですし、これは天文学の分野かもしれませんが、「宇宙の創世」や「宇宙人の存在」等について、かなり科学とバッティングするところも出てきているようです。

幸福の科学大学（二〇一五年開学予定）では、科学分野も開こうとしているのですが、野依さんは文部科学省とはかなり縁《えん》が深い方のようなので（注。野依氏は、過去、文部省学術審議会《しんぎかい》委員、文部科学省科学技術・学術審議会委員などを務め、第一次安《あ》倍《べ》内閣のときには教育再生会議の座長を務めた）、一言《ひとこと》、あるのかもしれません。

当会に科学と少しぶつかっている面が出てきているのは、そのとおりだと思います。

そのため、「宗教は宗教のことをやっていればよいのに、素人《しろうと》が余計なところに口を出して、余計なことを言うとる」ということで、「プロの意見を聞け」ということなのかもしれません。

昨日は、罵詈讒謗《ばりざんぼう》というか、相手を罵倒《ばとう》するような意見も多く、それを載《の》せたら、かなり品性を疑われるような内容で、「朴槿惠《パククネ》（守護霊）に似ている」とまで言われたのですが（『守護霊インタビュー 朴槿惠韓国《かんこく》大統領 なぜ、私は「反日」なのか』〔幸福の科学出版刊〕参照）、専門領域に関しては、そうとう頑固《がんこ》ではあります。

野依さんは七十五歳《さい》になっておられるので、三十歳ぐらいの「リケジョ（理系女子）」の快挙《かいきょ》は、やはり、そう簡単には素直《すなお》に認められないらしいのです。

小保方さん本人の会見が先日（二〇一四年四月九日）あり、理研についての悪口は特に言っていなかったと思います。ただ、マスコミもいろいろと調べ、記事も書いているので、結局、最終的には、「ノーベル化学賞を受賞した、野依良治理研（理化学研究所）理事長」対「一契約《いちけいやく》リケジョ」というような雰囲気《ふんいき》になってきて、「どちらが〝ガリレオ〟で、迫害《はくがい》されている側か」というような対決になってきているようではあります。

そういう事実も出てきたように思います。

野依さんは灘《なだ》中・灘高を出られましたが、本人の言《げん》によれば、当時は、まだ新幹線がなかったため、灘高から東大へ行く人は年に十数人しかいなかったそうで、野依さんも京大に進学なさいました。

そして、京大の大学院に入り、京大工学部の助手をしたあと、名古屋《なごや》大学の理学部助教授をされて、ハーバード大に研究で行かれてから、名古屋大学の理学部教授に就任なさいました。

それから、二〇〇一年にノーベル賞を受賞されましたが、その時点で還暦《かんれき》を過ぎていますす。六十三歳ぐらいでしょうか。そのくらいの年齢《ねんれい》でノーベル賞を取っておられます。

確かに、「還暦を過ぎてからのノーベル賞受賞」ということでしたら、今回の小保方さんの件には、何らかの思いがあるかもしれません。

今は理研の理事長を務めておられ、〝理研のドン〟風になっているとは思います。

このへんの思いについては、あとで守護霊に訊きたいと思います。

今回の質問者は「万能細胞的な人《ばんのうさいぼうてきなひと》」と「リケジョ」

大川隆法　今回の収録では、内容も考えて、質問者を選びました。

今、非常に切れのある、インターネットのオピニオン番組「THE《ザ》 FACT《ファクト》」も担当している、万能細胞的《ばんのうさいぼうてき》なレポーターというか（会場笑）、マスコミの代表の里村さんと、同じく万能細胞的編集者である、「ザ・リバティ」の綾織さんです。

それから、今回は「リケジョ」の問題も絡《から》んでいるので、先回の小保方さんの守護霊霊言に続き、東大の薬学部を卒業され、「在学中、実習の一環《いっかん》として理研（埼玉《さいたま》県和光《わこう》市）でも実験を進めていた」という斉藤愛さんを選んでいます。

女性の年齢を言ってはいけないのでしょうが、斉藤さんは、いちおう小保方さんと同世代とのことなので、もしかしたら、小保方さんの同僚《どうりょう》になった可能性もある方ではあります。

やや専門的なことについても理解が深かろうと思いますし、「リケジョ問題」についても、意見を言ってもらおうと思っています。

著作を読むかぎりでは、野依さんは、理研に関して、「女性が非常に活躍《かつやく》しているところであり、女性の比率は高い」ということを自慢《じまん》している部分もあるのですが、そのへんは、気になるところではあります。

「STAP細胞《さいぼう》」はアベノミクスの成長戦略とも関係する

大川隆法　それから、全体をもっと大きな目で見ると、今回の「STAP細胞《さいぼう》問題」は、実は、安倍首相のアベノミクスの「第三の矢」である成長戦略のなかに入るようなテーマです。

したがって、「STAP細胞潰《つぶ》し」やマスコミのその論調は、ある意味では、安倍首相の「成長戦略のほうにかけようとする部分」を潰そうとするような動きにも見えます。政治的に見れば、そのようにも取れないことはないわけです。

安倍さん自身は、お金を注《つ》ぎ込《こ》んで、例えば、「ノーベル賞受賞者を、十人、二十人と出したい」というような気持ちを、たぶん持っているでしょう。「理系のほうも発展させたい」と考えていると思うのです。

しかし、昨日の感触《かんしょく》からすると、野依さん的には、「そういうものはバブルだ」という感じでしょう。

野依さんは、「ノーベル賞は、それほど甘《あま》いものではない。『コツコツと地味《じみ》に研究し、厳密に厳しくやってやってやって、それで出るかどうか』というようなものであり、『ノーベル賞を何人出したい』という目標が立てられるようなものではない。文系の『売り上げ』のように考えられたのでは困る」というような考えを持っているのではないでしょうか。そういう感じを受けました。

これは、ある意味では、「政府の成長戦略を促進《そくしん》する方向になるか。それとも、今までどおりの考え方、日本の『縮《ちぢ》み思考』の考え方に戻《もど》るか」の問題でもあると思います。

科学はまだ非常に「未熟」で、分からないことだらけ

大川隆法　また、別の面から見れば、これは、「日本的理系思考とは何か」ということを、検討し直すチャンスかもしれません。

当会は、「大学をつくって未来産業学部を設置すること」を目指していますが、そこにおける理系の概念《がいねん》の問題でもあるのではないかと思っています。

昨年（二〇一三年）の映画やテレビドラマでは、ガリレオ役というか、帝大《ていだい》（帝都大学）の物理学の准《じゅん》教授役である人が、いつも、「科学で解明できないものはない！」と言っていました。

科学者の多くは、そう考えているかもしれませんが、私には、「科学というものは、小保方さんの言葉を借りれば、まだ非常に『未熟』なものであって、分からないことだらけなのではないか」という気がします。そして、「自分たちの定規《じょうぎ》で測れないものについては、まったく無力だ」という印象を持っています。

先ほどの「守護霊の問題」にしても、「脳波か何かを受信しているに違いない。ただ、それについてのシステムは、専門外なので分からない」というぐらいの認識でとどまっているので、まだまだ未熟な部分がそうとうあります。そのへんを謙虚《けんきょ》に受け止めてもよろしいのではないでしょうか。

「まだ〝入り口〟の所でやっているのではないか」という感じがします。百年、二百年ぐらいの歴史なので、科学には、そういうところはあると思います。

理研理事長、野依良治氏の守護霊を招霊《しょうれい》する

大川隆法　以上を前提にいたしまして、野依さんの守護霊の話を聞くことにします。

小保方さんの守護霊霊言に反論するかたちになるかと思いますし、「科学の概論」になるかもしれません。

また、ある意味では、「幸福の科学大学で理系学部をつくれるかどうか」の試金石《しきんせき》になるかもしれません。この方（野依氏）は文部科学省の委員を務めたこともある方

なので、その意見を言える立場にもある方かもしれないのです。
やや宗教の枠《わく》を外しているかもしれませんが、科学全体についての問題点も含《ふく》めて今回の問題を捉《とら》えてみたいと思います。

では、始めます。

（合掌《がっしょう》し、瞑目《めいもく》する）

昨夜、私のところを訪《おとず》れ、一時間数十分にわたって、『小保方晴子さん守護霊インタビュー　それでも「ＳＴＡＰ細胞」は存在する』という本の出版にクレームをつけられました、野依良治さんの守護霊を、幸福の科学総合本部にお呼びし、公開の場で、そのご意見を述べていただき、また、当会側の三人からの質問を受けていただきたいと思います。

どうぞ、言いたいことがあったら言ってください。

私どもには、一方的なことだけを言うつもりはございません。

聞くべきところがあれば聞くつもりでございます。

野依良治さんの守護霊よ。

どうか、幸福の科学総合本部に降りたまいて、その本心を語りたまえ。

野依良治・理研理事長の守護霊よ。

幸福の科学総合本部に降りたまいて、その本心を語りたまえ。

（約十秒間の沈黙《ちんもく》）

2　小保方氏の「作法《さほう》の問題」を糾弾《きゅうだん》

自らを霊《れい》だと認めない野依氏守護霊

綾織　おはようございます。

野依良治守護霊　これが〝インチキ団体〟の本部か。

綾織　あなたもインチキですか？

野依良治守護霊　ええ？

綾織　あなた自身も、インチキなんですか？

野依良治守護霊　何を言っているのよ。「あんたらはインチキだ」と言っているんじゃないか。

綾織　いやいや。あなた自身が……。

野依良治守護霊　君たちは、存在自体が幻想《げんそう》なんだよ。

綾織　あなたも幻想ですか？

野依良治守護霊　ええ？　まあ、君らはねえ、幻想、妄想《もうそう》のなかで生きてんだよ。妄想を売って商売してんだよ。

綾織　今、話しているあなた自身も妄想ですか？

野依良治守護霊　私は、野依のね、脳の思考回路によって生み出されたる、そういう意思《いし》なんだよ。

綾織　意思なんですか？

野依良治守護霊　うん、うん、うん。それを発信して、なぜか知らんけど、東京の、ここに届いているらしいので。

まあ、今、目に見えない世界で電波が飛び交《か》っててね、テレビとか、インターネットとか、ラジオとか、いろんなものは出ているからね。何か「新しい原理」があるんだろうけど、私は、研究が化学《ばけがく》系だから、よくは分からんけども、まあ、何かのシステムをつかんでるんだろうとは思うね。

里村　そうです。そのとおりです。

綾織　「目に見えない意思」が、「霊《れい》」ですよね？

野依良治守護霊　「霊」っていうとこが、もう古いんだよ。お墓《はか》で言いなさい、お墓で。

綾織　いや、どう名付けてもいいんですけども、あなた自身は、ここに実体として存在しているわけなので……。

野依良治守護霊　私は、野依です。

綾織　そうですね。

野依良治守護霊　うーん、だから、霊じゃないです。野依です。

里村　「思考するエネルギー体」としての野依さんですね。

野依良治守護霊　「野依の思考」です。

綾織　思考ですね。そのとおりだと思います。

野依良治守護霊　野依がしゃべってると思って結構です。霊なんていうねえ、そういう原始的な言葉を出すなよ。青山《あおやま》墓地に行って言えよ。それを言いたいんだったら、青山墓地でロケをしなさい、ロケを。ええ?

里村　名称《めいしょう》の問題は結構ですので、思考するエネルギー体としての野依理事長の守護霊様から、今日はお話を聞きたいと思います。

野依良治守護霊　まあ、いいよ。そうだ。間違《まちが》いなく野依だ。うん。

「研究者としての作法《さほう》」こそが問題なのか

綾織　まず、いちばん主張されたいこととして、この小保方さんの守護霊の霊言《れいげん》（前《ぜん》掲《けい》『小保方晴子さん守護霊インタビュー　それでも「STAP細胞」は存在する』参照）について、何かおっしゃりたいわけですか。

野依良治守護霊　まったくねえ、君らが素人《しろうと》だから、こんなのに、軽ーく騙《だま》されてるんだよ。君らねえ、ほんま駄目《だめ》だよ。全然、科学っていうのが分かってないんだ。

綾織　どこが、おかしいんですか？

野依良治守護霊　こんなの科学じゃないでしょう。宗教の亜流《ありゅう》なんだよ、こんなものは。

綾織　内容として、どこがおかしいのですか。

野依良治守護霊　昨日の夜ね、さんざんバカを相手にしゃべったんだけどねえ。

里村　バカとは、誰《だれ》ですか？

野依良治守護霊　バカっていうのは、おたくの副理事長と総裁補佐《ほさ》だよ。それを相手に話したんだけど……。

綾織　科学の専門教育を受けてはいませんが、バカではありません。

野依良治守護霊　ああ、バカですよ。あのねえ、「足し算引き算で間違うような人は、高等数学の証明問題を解く資格はない！」と、私は繰《く》り返し言ったんだよ。これは、足し算引き算のレベルで間違ったんだよ、この人（小保方氏）は。もう、そもそも証明問題をする資格がないんだ、と。もう一回、小学校一年からやり直ししなさい、と。

綾織　足し算引き算というのは、何を指しているのですか。

野依良治守護霊　ええ？　足し算引き算は、だから、研究者としての「基本動作」のところでしょう？

綾織　ああ、基本動作。

野依良治守護霊　作法《さほう》のところ。

綾織　作法。

野依良治守護霊　これが、まったく問題外なもんで、もう理研にいるのも汚《けが》らわしいぐらいですから。

綾織　ほう、なるほど。

野依良治守護霊　だから、「これ一人の責任にして、ほかの人には累《るい》が及《およ》ばないようにしろ」と、箝口令《かんこうれい》を敷《し》いたのは、もちろん私で……。

綾織　ああ、「箝口令」を敷かれた?

野依良治守護霊　こんな、足し算引き算が分からんやつが入っているとは思わんかったなあ。

〝トカゲの尻尾《しっぽ》切り〟のような対応が行われている

綾織　ただ、実際にはチームでやっているわけで、「小保方さん一人が徹底《てってい》的に悪い」というのは、おかしいですよね。

野依良治守護霊　いや、そりゃあねえ、理事長としては〝被害《ひがい》〟はできるだけ少なくしなきゃいけないからね。やっぱり、主導したのは、これだからな。

綾織　では、〝トカゲの尻尾《しっぽ》切り〟の状態ですね。

野依良治守護霊　尻尾切りっていうかさあ。だいたい、宗教まがいの騙しのテクニックを使ったのは、こいつだからさあ。

里村　待ってください。何ですか？　騙しのテクニック？

野依良治守護霊　だから、インチキの論文を書いて発表して、人を騙そうとしたのは、こいつなんだからさあ。

里村　インチキの論文というか、「論文のなかに、一部、写真等の間違いがあった」という話ですよね。

野依良治守護霊　だから、「足し算引き算の正解を出せないような人は、大学受験の証明問題を解く資格はないんだ」と言ってるのよ。

綾織　あなたがおっしゃっているように、「作法の問題」ですよね。

里村　つまり、「マナーの問題」です。

野依良治守護霊　それは意外に「理系の原点」なんだよ。理系は、そういう〝積み上げげ〟なんだから。

3　ＳＴＡＰ細胞は「インチキ」と言う野依氏守護霊

小保方氏を「正統ではない」と批判する野依氏守護霊

綾織　あなたご自身は、「ＳＴＡＰ細胞が発見された」とか、「できた」とかいうことについては、どうお考えになっているのですか。

野依良治守護霊　そんなものねえ、インチキに決まってると思ったよ。

綾織　決まっている？

野依良治守護霊　わしが確認して、「確かに、これはＳＴＡＰ細胞だ」と、〝野依印〟を押《お》して、わしが証明するというんだったら、まあ……。

綾織　でも、理研として特許の申請《しんせい》をされていますよね。

野依良治守護霊　え？

綾織　それに印鑑《いんかん》を押したんじゃないんですか？

野依良治守護霊　まあ、それはそうだけど、実験のあれがねえ、わしは責任持てないからさあ。みんなが、「いい、いい」って言うから、宣伝になるのかなあと思って、いちおう、あれしたんだけど、周りのマスコミの厳しい反応を見たら、やっぱり、これは撤退《てったい》戦で、いかに被害《ひがい》を少なくするかってところに……。

綾織　では、あなたご自身は、この研究内容について、よく分からないわけですよね。

野依良治守護霊　いや、分からないわけは……、私だって、そりゃあ、化学者で、科学者の一人ではあるから。

まあ、ちょっと手法は違《ちが》うけども、分子生物学の分野で、左右対称《たいしょう》でない、非対称のですなあ、そういう、まあ、サリドマイドが出たときの、ああいう対称性の問題のところを研究してノーベル賞をもらった人間だからねえ。

まあ、還暦《かんれき》過ぎての受賞だから、そのくらいまで理系頭脳が熟しておれば、問題はないけど、若気《わかげ》の至りっていうか、まだ、逸《はや》っているのね。

綾織　そのへんは、お若い方からぜひ……。

斉藤　野依教授の研究というのは、薬学部を志《こころざ》した人間からしますと、非常に大切な研究で……。

野依良治守護霊　うん！

斉藤　すごい研究だなあと思っていたんですけれども。

野依良治守護霊　うん！　うん！　うん！

斉藤　その方から見まして、今回の問題というのは、本当に「マナーの問題」なのでしょうか。

野依良治守護霊　いや、そうだね。こんなのは〝渡《わた》り鳥〟だからね、この小保方っていうのはな。これは正統な研究者じゃないんだ。〝渡り鳥〟で、どこでもいいんだよ。〝渡り鳥〟で、とにかく、宿ることができたら、もう、どこへでも行って……。

綾織　それでも、いいんじゃないいんですか。

野依良治守護霊　「自分が売り出せるところがありゃあ、それでいい」っていう、こんな人間なんだよ。

里村　科学の世界は、年功序列の世界ですか。終身雇用《こよう》制？

野依良治守護霊　正統じゃないんだよ、これは。

里村　え？

野依良治守護霊　たかが契約《けいやく》社員で、契約を一年延長しただけだからね。

綾織　「正統」というのは、どういうことですか。

野依良治守護霊　ええ？　私みたいなのを正統と言うのよ。

綾織　ほう、なるほど。

野依良治守護霊　うーん。だからねえ……。

小保方氏は「辞《や》める」のが筋《すじ》なのか

斉藤　野依教授は、京都大学やハーバードにも行かれ、若くして教授になられていますので、科学者として見ますと、すごく成功されている方です。また、論文などもきちんとつくられているのは、本当にそのとおりだと思います。

野依良治守護霊　うーん。

斉藤　それに対し、小保方さんがそういう面において優《すぐ》れていなかったのは、確かにそのとおりだと思うんですけれども、科学という目から見ますと、「人類に対して、どれだけ貢献《こうけん》できたか」というところも大きなポイントの一つだと思うのです。

野依良治守護霊　人間として矛盾《むじゅん》してんだよ。「私は未熟でした」って謝罪しただろ？　そのあと〝辞《や》める〟のが論理的な筋《すじ》だ。「未熟でした。すいませんでした。迷惑《めいわく》かけました」で辞める。これは論理的な手法や。「未熟でしたが本物です」って、これは、どういうことや。ええ？

綾織　小保方さんは、「結論は間違っていません」とおっしゃっています。

野依良治守護霊　だから、周りの人を批判している。嘘《うそ》をついて、謝《あやま》っているふりをしながら、周りの「マスコミ」とか「政府」とか「理研」とかに多大な迷惑をかけたことをねえ、全然反省もしないで、批判している。

綾織　「『マナーの問題』は反省しています」とおっしゃっただけですね。

里村　彼女自身は、「ＳＴＡＰ細胞があった」という部分は、まったくブレていないんです。

野依良治守護霊　そんな……、だって、あんたねえ、「足し算引き算のできない人が、数学の証明問題は解けない」って言ってるのに、なんで分からないのよ?

4 「年功序列」が崩《くず》れるのを恐《おそ》れている？

あくまでも「作法」を問題視し続ける野依氏守護霊

斉藤　小保方さんのところは置いておきまして、野依教授もハーバードにいらっしゃったからお分かりだと思うのですが、これについては、ハーバードのバカンティ教授が研究を進めていらっしゃいます。

野依良治守護霊　たぶん、〝色仕掛《いろじか》け〟で仲良うなったんじゃないの？　だいたいマスコミもそう言っているから、たぶん、そうなんだと思うよ。

斉藤　（苦笑）バカンティ教授のほうは、最初のアイデアのところは、もう小保方さんのものなので、次の応用研究を研究室で進めていて、そちらのフィールドを取ろうと動いているわけです。

野依良治守護霊　生意気《なまいき》なんだよねえ。生意気なの。このレベルで……。

斉藤　では、バカンティ教授はいいんですか？（笑）

野依良治守護霊　学生に毛が生えたぐらいのレベルよ、これ。ほとんど学生よ。

綾織　「若い」ということ自体がいけないのですか。

野依良治守護霊　まあ、あのハーバードの教授と競争するなんて、そういう情報を流すっていうこと自体が、もう「作法」がなっとらんのよ。

綾織　作法ですね？

野依良治守護霊　人間として、これはもう、科学者以前の問題。「人間としての作法」がなっとらんわ、たぶん。

里村　それに関しては、ハーバードの教授と張り合うぐらいの若手が理研にいるわけで、むしろ、誇《ほこ》らしく思われる立場じゃないですか？

野依良治守護霊　いやあ、そんなことないですよ。やっぱりねえ、ハーバードの教授と共同研究でノーベル賞をもらうぐらいなら筋《すじ》なんだけども、共同研究でもらうには、立場がねえ、〝びっこ〟を引いてる状態だからねえ、ほとんど。こんな学生に毛が生えたようなやつですからねえ。

若手の〝ポテンヒット〟が許せない？

斉藤　例えばの話ですけれども、バカンティ教授と小保方さんが同い年でしたら、そこまで……。

野依良治守護霊　いや、アメリカ人が三十歳《さい》でノーベル賞を取ったって、別に全然問題ないですよ。それは問題ない。

綾織　日本人だと駄目《だめ》ですか?

野依良治守護霊　日本人は、それは駄目ですよ。

綾織　それは、まったく論理的ではないですよね。

野依良治守護霊　え?　論理的な考え?　もう日本人は科学技術で敗れたんだから、しょうがないよねえ。

綾織　敗れた？

野依良治守護霊　うーん。先の大戦で敗れて、敗戦から立ち上がって……。

綾織　古い話ですね。

野依良治守護霊　私の時代は、ほんとに、あれなんだからねえ。戦後の荒廃《こうはい》期に大学を卒業して、科学技術でも圧倒《あっとう》的に、完璧《かんぺき》に負けてる時代に留学したときの気持ちが分かるかねえ、君たちには。

それでも、そのなかでだね、ちょっとはハーバードにもいたけども、アメリカで名を成《な》すんではなくて、なんとか日本の科学振興《しんこう》のために頑張《がんば》ろうと、今まで一途《いちず》に七十五年生きてきたんだ。もう尊敬よ。銅像を建ててほしいぐらいだから。

里村　そうですよね。それにはもう敬意を表します。

綾織　はい。素晴《すば》らしいことをされたと思います。

野依良治守護霊　そのくらいの努力をしないと、やっぱり世界で認められるわけにはいかんのだっちゅうの。

里村　ですから、野依理事長の努力があって、こういう若手が出てきたわけではないですか。これは、むしろ喜ぶべきことですよ。

野依良治守護霊　それをなんか、ポテンヒットみたいなさあ。たまたま打ってみたらポテンといって、ショートとセカンドとセンターとが捕《と》れなくてさあ、真ん中へパタッと落ちたような、なんか、そんなヒットだよ、これはなあ。

里村　でも、科学の世界というのは、基本的に、そんなポテンヒットを狙《ねら》っているわけじゃないですか。

野依良治守護霊　ええ？　そんなの狙ってないですよ。

里村　ポテンヒットの積み重ねですよ。

野依良治守護霊　いちおう、合理的に積み重ねて……。

「年功序列」や「格」にこだわる野依氏守護霊

里村　まあ、積み重ね問題にも、私は、いろいろ意見がありますけれども。ただ、今まで、日本を科学立国で負けないように科学予算を増やしていこうと、野依さん自身は努力されていたんですよ。そういう努力が、だんだんとこういうかたちで実ってきたんじゃないんですか。

野依良治守護霊　いや、あんた、これを本当に認めたらねえ、理研の副理事長ぐらいにはしなきゃいけないんだからさあ。

綾織　それでもいいんじゃないんですか。

野依良治守護霊　とんでもないですよ！

綾織　とんでもないんですか？

野依良治守護霊　とんでもないですよ。これで、どれだけの人が被害《ひがい》を被《こうむ》ると思ってるんだよ。ええ？

綾織　いいじゃないですか、それは別に。

野依良治守護霊　私は七十五だよ。三十で副理事長になったら、この間の四十五年間、どうするの？　この人たちは。

綾織　いいんじゃないんですか？

野依良治守護霊　なんでいいのよ？

綾織　小保方さんのもとで、普通《ふつう》に研究すればいいと思いますよ。

野依良治守護霊　やっぱり、まずは准《じゅん》教授、教授を取って、それで有名大学の教授を張りながら、外国の有名な教授と共同研究ぐらいで受賞するような、そういう研究を積み重ねて。まあ、国内での受賞もして、そのあと、ノーベル賞です。これが最後の〝殿堂《でんどう》入り〟なんですから。

里村　そうなると、野依理事長が、小保方さんを「未熟な研究者」と一刀両断《いっとうりょうだん》したりされていますけれども、科学的な見地《けんち》からではなくて、いわば理研の年功序列的なマネジメントのなかから、そういう意見が出てきているのですか。困ると？

野依良治守護霊　いや、私も「体育会系」だからねえ。そのー、「柔道部《じゅうどうぶ》」だからさあ。まあ、「体育会系」で先輩《せんぱい》を抜《ぬ》いてはいかんのだよ（会場笑）。

斉藤　例えば、もし理研のセンター長の方が、「小保方さんは手伝ってくれたけれども、私の研究です」というかたちで発表されていたら、納得《なっとく》されていたわけですか。

野依良治守護霊　まあ、それもちょっと審査《しんさ》は要《い》るなあ。「センター長の今までの実績から見て、それにふさわしいかどうか」っていうところは、ちょっとあるから。やっぱり、わしと共同ぐらいのあれでないと、いかんかもしれないなあ。

里村　要するに、名前を並べたいわけですね、今回のＳＴＡＰ細胞の発見者に。

野依良治守護霊　いや、格っていうのがさあ。だから、そういうのがねえ、もし「ノーベル賞級だ」って言ったら、ノーベル賞の格が落ちちゃう。もう、底の底までな。

里村　先ほどから、「若気《わかげ》の至り」とかをおっしゃっていますけれども、アインシュタインの相対性理論は、はっきり言って、二十六歳のときに発表されたんですよ。

野依良治守護霊　アインシュタインみたいな天才と一緒《いっしょ》にしたらいかんよお。

里村　ちょっと待ってください。アインシュタイン以外にも、理系に関しては、二十代および三十代前半ぐらいが、実は、最もそういう着想を得られるということで、「若さ」が非常に大事にされているはずなんですよ。

野依良治守護霊　そらあ、アイデアはあるかもしらんが、アイデアだけじゃなくて、われわれの仕事っていうのは、もっともっと基礎《きそ》的な実験をずーっと積み重ねていって、信用がなかったら駄目なのよお。

綾織　それは、「これからやります」とおっしゃっていますからね。チャンスを与《あた》えてあげればいいと思うんですよ。

5　理研全体に「箝口令《かんこうれい》」を敷《し》いた？

「野望」を持っているのは、小保方氏なのか野依氏なのか

野依良治守護霊　これねえ、理研を踏《ふ》み台にして世界的に有名になろうとしているのよ。野望を持ってる。

綾織　そんなことは考えていないと思います。

野依良治守護霊　野望を持っているの、これ。

里村　いや、先ほどのお話を聞きますと、むしろ逆の立場で、今回のＳＴＡＰ細胞発見に関して、野依理事長の

理化学研究所（埼玉県和光市）の研究本館

ほうが、自分の名前を冠《かん》したいというお考えがおありではないですか?

野依良治守護霊　まあ、やっぱり、「理事長のご支援《しえん》のもとに、ここまでたどり着きました」っていうことを、もっともっと大々的に持ち上げて言うなら、理解できんこともないけどもねえ。

綾織　普通《ふつう》に考えると、ご自身の研究所の研究員がすごい発見をして、マスコミから責められたり、科学的にいろいろ言われたりしたら、それをなんとか護《まも》って、その研究を続けさせてあげるのが仕事なんじゃないんですか。

野依良治守護霊　うーん、でも今回は匿名《とくめい》で、なんか「不備がある」っていう告発があって……。

綾織　まあ、不備ですよ。

野依良治守護霊　それで、マスコミがウワーッと騒《さわ》いで、あれだけの記者会見をやって、あれだけフラッシュをたかれたら、普通はねえ、殺人鬼《さつじんき》かなんかの記者会見か、ものすごいトップスターの離婚騒動《りこんそうどう》みたいなものの記者会見しかありえないから。あれは普通は、あとで「辞任」がつくような記者会見だなあ、ああいうのはなあ。

里村　いや、それだけ科学が脚光《きゃっこう》を浴びているという面もありますよ。

野依良治守護霊　うーん。

小保方氏が表に出てこなかった理由は「理研の箝口令《かんこうれい》」？

野依良治守護霊　ちょっとへんてこりんな宣伝をしすぎたために。もうちょっと地味《じみ》にやりゃあよかった、地味になあ。うーん。

綾織　ただ、それは理研がされたわけですよね（笑）。

里村　それは理研の方針ですよ。

野依良治守護霊　うん、まあ……。

綾織　あなたのもとでされたのですよね。

野依良治守護霊　だから、自分一人で弁護士を雇《やと》って、あんなこと、するんでないよ。あんな、科学者らしくない。

斉藤　でも、会見のときにも、小保方さんのほうは、「初期の段階から、自分が矢面《やおもて》に立って、きちんと説明する気はあったのに、それをさせてもらえなかった」とおっしゃっていたようですが。

野依良治守護霊　まあ、そりゃあ、組織を護らないといかんですから、下手《へた》なことをしゃべられたら困るでしょう。傷口が広がることになるから。でも、そのうち嵐《あらし》が過ぎ去るかもしれないでしょう。

綾織　「小保方さんが外で発言しないように」とおっしゃったわけですね。

野依良治守護霊　というか、理研全体は、もちろん、「箝口令《かんこうれい》」ですよ。それは、当たり前じゃないですか。

綾織　はい、箝口令ですね。山梨《やまなし》大の若山《わかやま》教授なども……。

野依良治守護霊　ああ、あれも阿呆《あほう》だからね。

綾織　阿呆ですか。

野依良治守護霊　阿呆だよ。あれは、まあ、あんた、脳みそのどっかが足りてないわ。

綾織　ほう。足りていない？

野依良治守護霊　脳外科《のうげか》にかかったほうがいいんじゃないか。何か足りてないところがあるよね、科学者としてね。非常に何か足りないものがある。

綾織　小保方さんと協力して、研究をされていましたけれども……。

野依良治守護霊　「教授職を失うから、ええかげんにせい」と釘《くぎ》を刺《さ》したら、あいつも、やっぱり、おとなしく引き下がった。それで、まあ……。

里村　釘を刺されたわけですね？

野依良治守護霊　そのへんは、小保方と違《ちが》って大人だからねえ、やっぱり。「教授職を失うってことは、どういうことか」ぐらいは分かったんだと思うけど。

綾織　ええ。非常に不思議だったのですが、先月、若山教授が夜中に記者会見をして、「論文の撤回《てっかい》」を発表したとき、言い方は微妙《びみょう》ですけれども、スウェット姿という非常に変な出方をしたと思うのです。

野依良治守護霊　だいたい、山梨大の教授ごときがかかわるような研究じゃないの、こんなものはねえ。

綾織　ああ、そうですか。

野依良治守護霊　格が違う、格が。

綾織　ほう。「格」なんですね？

野依良治守護霊　格が違うんだよ。このへん、やっぱり、本当は、東大、京大あたりでもらえて、ギリギリっていうところなのよ。

小保方氏の出身大学を〝専門学校〟呼ばわり

綾織　そうなると、早稲田《わせだ》というのは、もう、話にならないですか。

野依良治守護霊　早稲田はね、〝専門学校〟じゃないの？　そんな……。

綾織　ほう（笑）、そうですか。

野依良治守護霊　昨日も、それ、さんざん言ったんだけど、「〝専門学校〟の分際《ぶんざい》で、何考えてるんだ？」って。

里村　いつの時代の話をしているのですか（笑）。

野依良治守護霊　ええ？　〝専門学校〟じゃない？　早稲田って。野《の》っ原《ぱら》んなかに建っとった専門学校じゃないか（旧制・東京専門学校）。「早稲田が生意気《なまいき》だ」って言ってるんだから。

里村　ただ、そういう〝野っ原〟から出てくるような強みというのは、まさに、野依博士も同じだったと思うのですが。

野依良治守護霊　あそこは弁舌《べんぜつ》だけで飯《めし》を食ってた専門学校だから。講義録だけ売って食っとったんだよ。なあ？　もう、弁士を呼んで、ベラベラしゃべって、講義録をつくって、雄弁会《ゆうべんかい》かなんかぐらいでマーケティングをやって、大きくした学校だからさあ。そんなもん、本来の大学じゃないんだよ。塾《じゅく》なんだよ、あれも。

綾織　うーん、なるほど。

野依良治守護霊　ただの〝大隈塾《おおくま》〟なの！　慶応《けいおう》も、塾だけどね。あれ、大学じゃないよ。あんなの、塾だよ。

綾織　大学じゃない……。

野依良治守護霊　うーん。

6 「非科学的」な発言を繰《く》り返す野依氏守護霊

宣伝上手の小保方氏に騙《だま》されているだけ？

斉藤　先ほどから、「格」ということを非常に強調していると思うのですが……。

野依良治守護霊　当ったり前だよ。当ったり前だ。

斉藤　少々失礼に当たってしまうかもしれませんが、本当は、野依教授は、「ＳＴＡＰ細胞《さいぼう》の発見」というものの格と、ご自分がなされた「キラル触媒《しょくばい》による不斉《ふせい》水素化反応の研究」というものの格の違《ちが》いを非常に感じられているのではないでしょうか。

野依良治守護霊　いや、こちらのほうが分かりやすいでしょうよ。そりゃあ……。

里村　分かりやすいです。

野依良治守護霊　わしの研究なんか、説明しても、誰《だれ》も分かってくれんもん。

斉藤「分かりやすい・分かりにくい」という見方もあるのですけれども……。

野依良治守護霊　うん？

斉藤　セレンディピティ（発見能力）の差といいますか、何と申しますか、ことさら……。

野依良治守護霊　いや、だから、宣伝なの。ただのねえ、早稲田《わせだ》の雄弁《ゆうべん》会風の宣伝広告がうまいのよ、これな。ここだけなんだよ。だから、科学者としての態度じゃないんだよ。こう、地味《じみ》な研究っていうような……。

斉藤　いや、科学の内容としての話も、本当はよくお分かりの上で、何か、心情的に引っ掛《か》かっていることがあるのではないですか。

野依良治守護霊　うーん、だからねえ、ハーバードの教授（チャールズ・バカンティ氏）も、うちの副センター長（笹井芳樹《ささいよしき》氏）あたりも、みんな、もう、これに〝たらし込《こ》まれた〟可能性があるんだ。

里村　いや、〝たらし込まれた〟のではなく、端的《たんてき》に言いまして、野依理事長がノーベル賞を取られた研究に対し、小保方さんの今回のＳＴＡＰ細胞は、パラダイムシフトを起こすものなのです。私は、そこがたぶん……。

野依良治守護霊　いやあ、その、まあ……。わしのことは、まあ、ともかくとしてだねえ、山中君《やまなかくん》（山中伸弥《しんや》教授）に対して失礼でしょうが？　これ、やっぱり……。

里村　ほう。

野依良治守護霊　あれで、山中さんのｉＰＳ《アイピーエス》細胞の研究所まで潰《つぶ》れたらどうするのよ？　責任。

里村　そんな（笑）……。科学の進歩に、そんなことは関係ないですよ。

野依良治守護霊　要《い》らなくなるじゃない？　もうこれ、下手したら、あそこが要らなくなるじゃない。研究所自体が閉鎖《へいさ》される可能性があるんだから。文科省が「要らない」っていうことで。ええ？

斉藤　山中教授の研究所は京都大学にあると思いますが、小保方さんは理研のなかで研究されているのでは……。

野依良治守護霊　うん、だから、何て言うの？「〝専門学校〟の人が口を出すな」って言ってるんだよ、もう。

斉藤　理研のなかで、小保方さんが定年制の職に就《つ》いていないということで、もう、「外部の人」という意識なのですか。

野依良治守護霊　これはもう、「ただの渡《わた》り鳥だ」って言ってるんじゃない。ちょっと留《と》まっとるだけなんだよ。サーカスの旅なんだよ。

里村　それは、しかし、ビジネスの世界では、それだけ才能があるということです。いろいろとあちこちの世界を経験するということは。

野依良治守護霊　ええ？　それがどこもねえ、こいつが〝うまい汁《しる》〟を吸って食い込んできて、「欲がある」と分かって放り出されて、こういう感じで動いてるんだよ。

なぜかiPS細胞《アイピーエスさいぼう》・山中伸弥《やまなかしんや》教授の肩《かた》を持つ野依氏守護霊

里村　ちょっとお待ちください。山中《やまなか》教授の話に戻《もど》りますけれども、なぜ、山中教授にそれほど配慮《はいりょ》をされるのですか。

野依良治守護霊　かわいそうじゃないの？　この前、二〇一二年にノーベル賞を取ったんでしょう？

里村　ええ。要するに、iPS細胞《アイピーエスさいぼう》ですね。

野依良治守護霊　それで、すごく持ち上げられて、ねえ？　二〇一一年っていうのは、キュリー夫人がノーベル（化学）賞を取ってから百年、ねえ？　わしが取ったのが、ノーベル賞（が始まって）から、ちょうどこれも百年。まあ記念すべきときに、みんなもらったんだから、こういうのが出てくるのは、ちょっとねえ、問題あるのよ、本当に。

綾織　山中教授の守護霊さんとも話をしていますか。

野依良治守護霊　いやあ、彼に嫌疑《けんぎ》がかかってはいかんから、まあ、それはちょっと……。

綾織　はい。

野依良治守護霊　具体的なことしかできないけれども、少なくとも彼のことを護《まも》らなきゃ……。

綾織　ほお！

野依良治守護霊　彼が定年で辞《や》めるまでは、護らないといかんと思う。

里村　でも、ほかのスポーツと違って、別に、「記録が破られる」とか、そういうわけではないんですよ。

野依良治守護霊　いやあ、まあ……。

里村　山中教授の功績というのは消えませんから。

野依良治守護霊　「破られたら終わり」じゃないですか、スポーツだって。何を言ってるのよ。陸上だって、破られたら終わりじゃない？

綾織　この万能《ばんのう》細胞にもいろいろとあって、さまざまな使い方があるので、iPS細胞が完全になくなるというわけではないと思うのです。

野依良治守護霊　うーん、被害《ひがい》を受けたじゃないの、「発ガン性がある」だとかいう誤報で。

綾織　それについても、山中さんご本人が、「それは改善されています」とおっしゃっていますし、すでに研究されていることなのです。

結局、小保方氏の生意気《なまいき》さが気に入らないのか

野依良治守護霊　生意気《なまいき》なのよ。だから、「教授になってからやれ」っていうのよ。誰もそこまで実績を認めてないんだよ。一発屋で当てようとしてるから、これが、「科学者の態度ではない」って言ってるのよ。

綾織　その、「科学者」という話と「生意気」というのは、全然つながらないんですよね。

野依良治守護霊　まったく関係があるんだよ、もう。

綾織　いや、関係ないですよ（笑）（会場笑）。「科学的な思考」と「生意気」というのは、まったく関係ないのではないですか。

野依良治守護霊　「灘《なだ》高ぐらい出てから言え」っていうのよ。ええ？

里村　いやいや、そういうのは、本当に、学閥《がくばつ》とは関係ありません。科学者は、だいたい、「大《おお》ぼら吹《ふ》き」とか「生意気」とか言われるような方こそ、素晴《すば》らしい実績を上げています。

野依良治守護霊　それなのに、何を勘違《かんちが》いしたか知らんけど、集まって、「割烹着《かっぽうぎ》の何とか」って評判になったピンク色で、下絵《したえ》とかも、ムーミンだか何だか知らんが、あんなの貼《は》ったり。もう、みんなが「科学をなめとるんか」っていう感じはあるね、本当ねえ。

斉藤　山中教授のところについて考えますと、例えば、バカンティ教授が、このSTAP細胞の分野をもっと広げて、ヒトでもできるのではないかというところまで行っています。

野依良治守護霊　うーん。

斉藤　あれが成功してしまったら、もう小保方さんとは関係なく、iPSの分野は、研究として、そちらのSTAP細胞という研究に負けてしまうのではないですか。

野依良治守護霊　ええ。「パパママ・ストア」は、「スーパー」が出てきたら潰《つぶ》れる。だから、反対運動が起きる。世の中では、そんなの当たり前じゃない？

里村　うーん。でも、それが、進歩・発展というものですよ。

野依良治守護霊　ええ？　それを肯定《こうてい》しない人だっているわけですから。

里村　それは、いつの時代でもいます。それは、普通《ふつう》の経済のなかにもあります。

野依良治守護霊　だから、そうなんですよ。やっぱり、「恩師が亡《な》くなるまでは発表しない」とか、いろいろ、そういう礼儀《れいぎ》はあるんですよ。

「小保方晴子《はるこ》・独立行政法人」化の動きを警戒《けいかい》？

里村　いや、ただですねえ、これはもう、一ビジネスの話と違いますよ。人類にとって、それは、難病の方であるとか、どれくらい多くの方が恩恵《おんけい》を受けるか、分からないものです。

野依良治守護霊　こいつはね、きっと、かなりの予算を狙《ねら》ってると思うんだ。派手に発表してねえ、iPS細胞研究所のかわりにSTAP細胞研究所をつくって、予算をグワーンと取り、そこに座《すわ》ってやろうという。

綾織　それでもよいではありませんか。理研にそれをつくればよいのではないですか。

野依良治守護霊　そして、世界の脚光《きゃっこう》を浴びて、「うわあ、若い日本の女性が、すごいものをつくった」みたいな感じで、こいつはそこまで考えてるの。

綾織　そこの理事長だったら、すごいことではないですか。

野依良治守護霊　それは考えて……、それは考えてるんだよ。

綾織　それは駄目《だめ》なんですか。そういう研究所がつくられたら、あなたの手柄《てがら》でもありますよ。

野依良治守護霊　人の「金」と「場所」を借りて、それから、人の「部下」を借りてねえ、それで、自分の手柄をつくって、大きい仕事にする。こういう詐欺師《さぎし》まがいの手法はねえ、許せないんだよ。

里村　理研の手柄ですよ。

野依良治守護霊　理研の手柄にならないかもしれない。今は、あのインチキ記者会見によって、理研の手柄でなくなる可能性が極《きわ》めて高くなってきた。

里村　いや、それは、野依理事長が、「未熟な研究者だ」などと断罪するようなことを、中間発表の段階で先にやってしまったからではないですか。

野依良治守護霊　理研の職員として護《まも》ろうとしたわけであって、彼らも……、彼女らも入れてねえ。

綾織　小保方さんは、「理研で研究したいんです」とおっしゃっていますよ。

野依良治守護霊　理研の職員じゃないほうで独立を目指して、これから、自分個人で「小保方晴子《はるこ》・独立行政法人」をつくろうとしてるっていうんだったら、これは許せない。

綾織　今、「理研に残りたい」とおっしゃっていますよ。

里村　「独立したい」などと、ご本人は一言《ひとこと》も言っていませんよ。

野依良治守護霊　いやあ、分からん。これは分かんない。でも、野心がある。

里村　その業績を横取りというか、持っていかれるのが怖《こわ》いのですか。

野依良治守護霊　横取りっていうことはないですよ。だから、理研の業績が称《たた》えられるんだったら別に構わないし、私の指導がよろしかったのでできたっていう報道が一行でもあれば、まあ、もっと助かるんだけども。そういう報道はないじゃないですか。

綾織　いや、小保方さんに不十分なところがあるとしたら、それをきちんと教えてあげて、その結果で示す必要があったのではありませんか。

野依良治守護霊　だから、厳しく指導しているところを、今、見せてるんだ。「さすがだなあ。ノーベル賞を取った理事長は違うんだな」と。こういうのを「ひよっ子だ」と言って、まだ厳しく指導をする。こんなもんですよ。

剣豪《けんごう》っていうのは、まあ、こういう素人《しろうと》に対して、やっぱり厳しく指導して、「何《なん》じゃ、そんな剣の使い方じゃあ、もう、首が飛んじゃうぞ」っていうことを、ちゃんと教えないといけないわけですよね？

「科学が分からんやつは駄目《だめ》」と文部科学大臣を批判

里村　ただ、世間《せけん》には逆の見方もございまして、「自らの組織の研究者を、その上の人が断罪するような会見を行うこと自体がおかしい。野依理事長の姿勢はおかしいのではないか」と批判する意見もございます。

野依良治守護霊　いや、これなあ。さっき、ちょっと言うとったけど、安倍《あべ》首相の「成長戦略」っていうのは、〝バブル戦略〟だからね。

里村　バブル？

野依良治守護霊　理系の分野には、やっぱり、バブルを持ち込まんでほしいよね。だから、こんな若いのが、何でも賞を取ろうとして、動き始めるような社会をつくられたら困るわけよ。もうちょっとねえ、地味なもんなんだから。

綾織　いえ。「自由に研究できる」ということがよいのではないのですか。

野依良治守護霊　ええ。自由にしても結構ですけども、そういうのを、なんかねえ、「自分の任期中に、目に見えるかたちで結果を出そう」みたいな考えを持ってるんだったら、あの文部科学大臣も駄目《だめ》だな。あれはもう、ほんとに駄目。科学的才能はゼロだからね。

里村　これは記録に遺《のこ》りますので、そういうご発言は気をつけられたほうがよろしいかと思うのですが……。

野依良治守護霊　構わないよ。

まあ、「文部大臣」は構いません。「科学大臣」が駄目です。これは分けるべきで、本当は、やっぱり、「科学大臣」はわしがやるべきだね。本当はやらないといかんようなもんだから。

ああいうのをねえ、分からんやつに判断させちゃいかんのだ。

科学者としての成果と「人格」の関係について

里村　ただ、野依理事長ご自身が、「研究所には、十パーセントぐらいは奇人《きじん》・変人もいなければ駄目なんだ。目につく研究をしなければ駄目だ。そういう成果を挙げなければいけない」という方針を出されています。

野依良治守護霊　いや、わしも、そう言われてた時期もあるけれども、今は、人間として成熟してきて、完璧《かんぺき》な人格者になったからね。だから……、あの……、その過程を謙虚《けんきょ》に振《ふ》り返っていただけだから。うん。

綾織　若いときは、奇人・変人でもよいのではないですか。それで、活躍《かつやく》させてあげればよいではありませんか。何の問題もないですよね？

野依良治守護霊　「奇人・変人でいい」っていっても、やっぱりねえ、科学の世界っていうのは、聖人君子《せいじんくんし》なんですよ。

里村　いや、それは違いますよ。

野依良治守護霊　もうねえ、「科学者がごまかす」とか「嘘偽《うそいつわ》りをする」とか、こういうことは、犯罪以上のものなのだからさあ。科学そのものの信頼《しんらい》を失わせる。

里村　理事長、たいへん失礼ですけれども、科学者の評価には、完璧な人格であるかどうかなど関係ありません。

野依良治守護霊　君らには「嘘をつく権利」がある。

里村　いやいや。

野依良治守護霊　宗教家っていうのは、まあ、九十九パーセント、嘘つきだから。

里村　ちょっと待ってください。今は宗教家ではなく科学者の話をしているのです。それでは、まず、科学者の条件を言いますが、必ずしも人格は関係がありません。研究の成果が問われるのです。完璧に高潔《こうけつ》な人格を求められるわけではありません。

野依良治守護霊　そんなことはないよ。「刑務所《けいむしょ》のなかで研究した」っていうようなものでも認めるかと言ったら、やっぱり、その資格は出せませんね。

里村　それは、犯罪行為《こうい》の問題です。

野依良治守護霊　ノーベル賞を取るには、「人間として立派である」という身辺調査も、やっぱり大事です。

里村　だって、昔から、「何とかと紙一重《かみひとえ》」と言われている世界ですよ。

野依良治守護霊　何とかと……。

里村　科学の世界では、「何とかと何とかは紙一重」だと。

野依良治守護霊　それは……、「時代を超《こ》えている」というだけの意味であってね……。

7　野依氏は何を「護《まも》ろう」としているのか

湯川《ゆかわ》博士のあとを継《つ》いで「京大でノーベル賞」を取りたかった

里村　では、野依理事長は、今、何を護《まも》ろうとしているのですか。ご自分の名声ですか。理研ですか。

野依良治守護霊　両方です。

里村　両方？

野依良治守護霊　もちろん。もちろん、両方です。

里村　「そのためには、今、小保方氏が邪魔《じゃま》である」と？

野依良治守護霊　〝早稲田《わせだ》専門学校〟でさえね、「この人の博士論文を見直す」って言ってる。ほかの人の博士論文にまで累《るい》が及《およ》んで、「インチキでないかどうかを全部見直す」なんて言ってるぐらいですから。

早稲田が、自分のところでさえ見直すって言ってるんだからさ。早稲田が「教授に招きたい」っていうんなら、話は分かりますよ。自分のところで全部否定して、見直すんだから、これは、科学が分からない安倍《あべ》首相だって、やっぱり、「もうちょっと研究を考え直さないといかん。慎重《しんちょう》にしなければいかん」って言うのは当然じゃないですか。

斉藤　小保方さんが若くして有名になったところに、すごく引っ掛《か》かっているようなのですけれども、野依教授も、かなり若いときから「不斉《ふせい》合成」について着想されていたと思うんですよね。

野依良治守護霊　なんか、不斉合成って、響《ひび》きが悪いね？　なんかね。

斉藤　（笑）

野依良治守護霊　字が違《ちが》うのを、みんな、理解してないよ。なんか、「間違った合成をしたんじゃないか」と思われる。

斉藤　（笑）

里村　「正しい」という字のほうの不正ではありませんよ。「正しくない」ではなく、「斉《ひと》しくない」という不斉のほうですから。

斉藤　野依教授はお若いときから活躍《かつやく》されていて、「ノーベル賞候補ではないか」と囁《ささや》かれていたと思うのですが、例えば、そのころに、もし、華々《はなばな》しくノーベル賞を取って、世間《せけん》から、「ああ、野依先生はすごいですねえ」と言われていたら、どうだったでしょうか。

野依良治守護霊　いや、わしでさえねえ、これでも、まだ目立ちすぎたために、京都大学の助手から、名古屋《なごや》大学の助教授に移らなきゃいけなかったんだから。

里村　なるほど。

野依良治守護霊　本来なら、こんなノーベル賞を取るんだったら、やっぱり京都大学で教授にならなきゃいけないのに、わしでさえ名古屋大学に追い出された。ということは、若いうちにあんまり先輩《せんぱい》を刺激《しげき》しすぎるのは、やっぱり、「日本的な礼儀《れいぎ》作法に反する」ということですよ。

里村　ああ。ご自分の経験から？

野依良治守護霊　うーん、だからね、こんなの、とんでもないことなんですよ、この人（小保方氏）のは。

綾織　その、日本的な礼儀作法を、これからもずっと守り続けるのがよいのですか。

野依良治守護霊　私だってねえ、湯川《ゆかわ》さんのあとを継《つ》いで、京都大学に行ってノーベル賞をもらいたかったですよ。それはやっぱりねえ。うーん。

里村　「京都大学でもらいたかった」と？

野依良治守護霊　うーん。京都大学の助手までしてて、名古屋大学に助教授で行っているわけで。だから、その段階で、京大はわしを「要《い》らん」と見たということであるからして、いや、けしからんわけで。それは、やっぱり、才能がありすぎたがために、そうやって疎《うと》まれたんだよなあ。

綾織　「今後、そういう人が出ないようにしたい」というのが、あなたのお仕事ではないですかね？

野依良治守護霊　やっぱり、「同じ目に遭《あ》わしてやりたい」っていうのが……。

綾織　いや……（苦笑）（会場笑）。

野依良治守護霊　それはそうでしょう？　だから、「結果が出せる？　ああ、そう。やれるもんならやってみなさい。自分でスポンサーを集めて、自分で協力者を集めて、自分で研究所を立ち上げて、やれるもんならやってみい」っていうことだ。人の組織を使って、ええ？　「自分だけ手柄《てがら》を取るんじゃないよ」っていうのよ。

里村　いや（笑）、「組織を使って」と言っても、雇《やと》ったのはそちらのほうなんですよ。契約《けいやく》したのは（笑）。

野依良治守護霊　ええ？　給料は出してるけど、それ以上を保障していませんからね。

里村　（笑）だって、理研さんのほうが彼女を雇ったかたちでしょう？　勝手に使っているわけでも何でもないですよ。

野依良治守護霊　行くところがないから、ちょっと〝宿《やど》〟を貸してやっただけなんじゃないかなあ。

理研・笹井《ささい》副センター長会見の背後で〝脅《おど》し〟が行われている？

綾織　今後、そのスタンスで行った場合に、若い研究者がどんどん海外に行ってしまうことになるでしょうが、それでもよいのですか。

野依良治守護霊　だからねえ、副センター長とかも、おまえらが応援《おうえん》したりしたもんだから、小保方にちょっと有利なことを言い始めたりして、揺《ゆ》れているけども、何ね？　これ、認めたらなあ、立場が入れ替《か》わるの、分かっとるの？　あのバカは。本当にねえ。

里村　いや、それであれですか？　笹井《ささい》教授が、「ＳＴＡＰ細胞《さいぼう》はあるんだ」と、説明の会見をしようとしたのですが、今のところ未定になっているのですけれども（収録時点。本収録直後、翌日に会見を開くことが発表された）、そのへんもストップをかけられているのですか。

野依良治守護霊　いやあ、今は戦ってるところだから。

綾織　おお、戦っている？

野依良治守護霊　当然だよ。「おまえ、クビになりたいんか」っていうの。

綾織　ほう、なるほど。

野依良治守護霊　だから、辞表と〝引き替え〟に、記者会見で……。そら、当然だろう？

綾織　やめさせようとしているわけですね？

里村　昨日も、理研のほうに問い合わせたら、「未定なんです」と言っていました。

野依良治守護霊　それはそうだよ。辞表と〝引き替え〟なんだからさ。だから、山梨《やまなし》大の何だ？　バカと一緒《いっしょ》で、それは、「教授職を失ってもいいかどうか」っていう問題だわなあ。家族を守りたかったら、それは、「もう失いたくない」ってなるわなあ。

綾織　みなさん、それぞれ、「撤回《てっかい》」ということを言っていますけれども、これは……。

野依良治守護霊　それは、「家族を守りたい」「職業を守りたい」っていうのは当たり前じゃない？　日本人だし。

綾織　ああ……。では、もう全部、脅《おど》しているわけですね。

野依良治守護霊　当然でしょ？　アメリカみたいに、どこでも行けるようなところじゃないからね。

綾織　ハーバード大のバカンティ教授だけは、当然、脅しは通じないので、撤回しないと。

野依良治守護霊　うーん、まあ、彼らはどこでも通用するからなあ。大学に圧力をかけたって、平気でよそへ行くもんなあ。これはちょっと違うもんだよな。

もし新幹線が開通していたら東大を受験していた

斉藤　野依教授も、そういうかたちで名古屋大に〝飛ばされて〟しまったという、非常に悔《くや》しい思いをお持ちだということでしたけれども……。

野依良治守護霊　才能がある人は潰《つぶ》されることになってるのよ。

斉藤　うーん……。

里村　全部潰される……。

野依良治守護霊　理系だけじゃないのよ。文系だって一緒なんだから。才能がある人は消されて、自分より能力がある人は、絶対、後任にしないの。それは、学者の世界の不文律《ふぶんりつ》なんだからさ。もう、文系・理系を貫《つらぬ》く普遍《ふへん》の真理なんだから。これは知っといたほうがいいよ。

言うことをよく聞いて、先生が死ぬまで墓守《はかもり》をするような人しか、跡継《あとつ》ぎになれないの！

斉藤　そうやって、野依教授も非常に悔しい思いをされながら、臥薪嘗胆《がしんしょうたん》の思いでここまで、科学の道を歩まれたわけですよね？

野依良治守護霊　もし、新幹線が早くから走っとったら、わしは、ちゃんと東大で教授になって、ノーベル賞をもらっとるわなあ。そらあ、ちょっと悔しさがあるわねえ。「名古屋大でもらった」っていうあたりでも、ちょっと悔しさがあるからさあ。これでも、ちょっと亜流《ありゅう》の感じがするよな？

斉藤　ほかにも、あなたのなかで、「こういうふうに潰されて悔しい」とか、「本当はこういう面がおかしい」というのはございますか。

野依良治守護霊　だから、新幹線（の開通）が遅《おそ》かったんだよ。もうちょっと早くからあれば、東大受験に行ったけどねえ。

斉藤　それでは、最初に入った大学によって、そこまで差別されたというような何かがあるのでしょうか。

野依良治守護霊　科学者の世界はそういうところでしょ、だいたい。うーん、みんなそうですよ。

斉藤　はい、学閥《がくばつ》はありますね。

野依良治守護霊　頭のいい人は尊敬される社会が、学者の世界ですからねえ、そら、経歴によって。名古屋大卒でなくてよかったよ。いちおう京大卒だったからねえ。まだ、ノーベル賞の射程の範囲《はんい》内に入っとった。名古屋大卒だったら、ノーベル賞の対象外になったかもしれないけど、うーん。

8「わしの名前で出すのが作法」

小保方氏周辺の理研メンバー外しを進めるわけ

里村　先ほどから、極《きわ》めて〝非科学的〟な話を繰《く》り返されているんですが（会場笑）。「大学の学校の名前がどうだ」とか……。

野依良治守護霊　学歴社会ですしね。もうほんとねえ。頭がいいかどうかなのよ、学者の世界はね。それで、これ（小保方氏）だったら、「専門学校しか出とらんから、あかん」って言ってるのよ。

綾織　いえいえ。学歴は関係なく、「科学者として、頭がよいかどうか」でよいではありませんか。

里村　頭がいいか悪いかだから、名前は関係ないではないですか。

野依良治守護霊　うん？　ああ、商売はうまいよ。だから、「商売しなさい。どうぞ、自分お一人で商売してください」って。それで、みんな外しているわけ。理研の人たちは護《まも》りますから、私が。

綾織　ほう。

野依良治守護霊　「おまえは一人で商売しなさいって。大道芸人《だいどうげいにん》でもしながら、商売しなさい」と言って。

「はいはい、みなさん、寄ってらっしゃい。目玉焼きができますよ」みたいな感じで、「はい、ＳＴＡＰ細胞《さいぼう》ができました」ってやって、「それで世間《せけん》に有用性が認められるような宣伝ができるなら、どうぞやってください」ってね。

「小保方氏 対 野依氏」という図式ができあがっている

綾織　まあ、宣伝というか、実際にそういうことを小保方さんは今後されようとしているのですけれども、それで、ノーベル賞を取り、再生医療《いりょう》等でいろいろな成果を……。

野依良治守護霊　それに、なんで、うちの予算を使わないといかんわけよ。なんで、うちの予算を使わないといかんの？

里村　それだけ、これから国が予算をつけようという方向で動くわけですから。

野依良治守護霊　（予算を）つけたら、これを偉《えら》くしなきゃいかんじゃないかね。副理事長とかに上がってきたらどうするのよ。ほかの人は行く場所がないじゃないか。

里村　今、「ほかの人は行く場所がない」と、ほかの人の心配をしているように言っていますが、ご自分がクビになりそうなんですよ。辞《や》めさせられるのが心配で……。

野依良治守護霊　いやあ、（小保方氏は）せめて山梨《やまなし》大の准《じゅん》教授にでもしてもらうように、なんか運動したらどうかねえ。それが一番だわなあ。

里村　ご自身はどうなんですか？

野依良治守護霊　え？

里村　ご自身にも、今、プレッシャーが来ています。

野依良治守護霊　そりゃあ、新聞の論調によれば、もしかしたら、もしかして、今週来週にも危ない可能性はあるわなあ。

今のところ、安倍《あべ》はうまいこと騙《だま》せてるっていうか、いや、うまいこと分からんから、やっぱり「厳密でなきゃいかん」みたいなことを言うてる。

綾織　なるほど。

野依良治守護霊　まあ、あいつでも、そのくらいのことは分かるんだよ。まあ、そうだ。

「科学とは何か」であって、これは「哲学《てつがく》の問題」だからな。

里村　いやいや、ちょっと待ってください。いきなり哲学の問題に振《ふ》らずに、今の問題については、いわゆる特定法人として認めるほうも含《ふく》めて、「野依理事長もクビを差し出せ」という声も出ていると……。

野依良治守護霊　だから、逆手《ぎゃくて》にしてさあ、もうここまで来たら引っ込《こ》めない。「S

TAP細胞が存在する」とも言い切りよったからさあ、「二百回以上成功した」って。もしそれで押《お》し切って、中央突破《とっぱ》してくるんだったら、わしのクビを取るつもりで来るっていうことだからさあ。もう、なんか謙信《けんしん》が信玄《しんげん》の首を取りに本陣《ほんじん》に斬《き》り込んだのと同じ状態になっていて、鉄扇《てっせん》で受けなきゃいけないわけだからさあ。

里村　なるほど。そうすると、もう「小保方さん 対 野依理事長」という図式になっているわけですね。

野依良治守護霊　そうなの。図式はそうだよ。分かってる。だから、みんな、どっちにつくかでウロウロしているわけだから。

国益など無視して自分の立場ばかり気にする野依氏守護霊

里村　小保方さんは、「STAP細胞は理研のなかに存在しています」「理研に保存されています」と言っています。

野依良治守護霊　勝手なことをさせないように、わしの管理下にあるわけだから。勝手なことはさせせんよ。うーん。

里村　ですから、野依理事長がやるべきことは、箝口令《かんこうれい》を敷《し》くだとか、ほかの人に、「辞職だぞ」と脅《おど》すとかではなくて、理研で、ＳＴＡＰ細胞の存在をさらに確かなものにしていくことです。そちらのほうが大事な仕事ではないんですか。

野依良治守護霊　いや、「マスコミ対策」で、どれだけ心労したか分かってるのか。

里村　マスコミなんていうのは、いちばん、科学のあとからついてくるものですから。

野依良治守護霊　わしのノーベル賞のときは、ただただ、ほめ称《たた》える一方だったから、これが科学者の真なる姿であって。最初からここまで、まるでジャン・バルジャンみたいな感じの叩《たた》き方だから、これなあ。

里村　ジャン・バルジャンですか。

野依良治守護霊　盗人《ぬすっと》が市長をして、素性《すじょう》がばれて、警部に追い回される。そんな感じじゃない？　あれなあ。

里村　先ほども話が出ましたが、せっかく、今、アベノミクスの「成長戦略」のなかで、成長分野として、こうした生命科学も入ってきているのに、そういう考え方を聞いていますと、絶望し、失望した若手の研究者が、どんどん国外逃亡《とうぼう》を企《くわだ》てますよ。それは日本にとって、大きな国益の損失です。それについては、どうお考えなんですか。

野依良治守護霊　まあ、別に、ハーバード大学で賞を取ったりするのは構わないと思うよ。それだったら、わしは全然嫉妬《しっと》しないから。

里村　では、日本人が、日本で行《おこな》った研究で賞を取るのは？

野依良治守護霊　それは問題がある。それは問題だ。上司の立場があるから。

里村　ええ？

野依良治守護霊　日本はそうだよ。上司の立場があるから。上司がもらっとらんのに、もらうようなことがあったらいけない。

里村　うれしいんじゃないんですか？

野依良治守護霊　だから、共同受賞者で理事長まで名前が連《つら》ねられないと、やっぱり駄目《だめ》だよ。

野依氏守護霊が語る「受賞に対する意外な認識」

斉藤　野依教授は、とても若くして教授になられていますので、きっと、研究室運営も大変だったのではないかと推察するのですけれども……。

野依良治守護霊　だから、わしみたいな苦労をかけんようにだねえ、遅《おそ》くしてやろうとしてるんじゃないか。

斉藤　ただ、申し訳ないのですが、キラル合成のところも、着想は教授がされているいると思うのですけれども、たぶん本当はお弟子《でし》さんが、かなりいろいろな実験をされているいると思うんですよ。

野依良治守護霊　まあ、それはそうだ。

斉藤　それを、野依教授のお名前で発表しているという噂《うわさ》もありますよね。

野依良治守護霊　もう還暦《かんれき》を過ぎてだねえ、私も定年とか延ばしてもらいながら、あれしてるからねえ。いちおう、大学の名誉《めいよ》のために、定年とかも延ばしてもらいながら受賞しているからね。まあ、（賞が）「出そうだ」ということでねえ。そういうこともあるから。

こういうような賞をもらうっていうのは、代表者として名誉なのよ。

綾織　すいません。もしかしたら大変な話になってしまうかもしれないのですけれども。

野依良治守護霊　え？　なんでよ？

綾織　お弟子さんたちが研究したものを、野依さんの名前で……。

野依良治守護霊　それは普通《ふつう》じゃない？

綾織　（苦笑）

野依良治守護霊　それはそうだよ。賞っていうのは、「誰《だれ》が名誉を受けるべきか」の問題だって。

綾織　ほう。そうですか。

野依良治守護霊　「誰が発見したか」の問題じゃなくて、「誰が名誉を受けるべきか」の問題なんです、賞っていうのは。

斉藤　もし、このSTAP細胞が生命科学の分野ではなくて、化学の分野のもので、野依教授が少しでもタッチをされていて、野依教授ご自身のお名前で出せる論文でしたら、きっと、すごく後押《あとお》しをされたのではないでしょうか。

野依良治守護霊　うん、だから、まず、「副センター長の実績だ」ということにして、副センター長が、「いや、私ではちょっと受け切れませんので、センター長の……」と言って、センター長が、「いやあ、理事長と私とでは、力の差があまりにもありすぎますので、やっぱり、理事長にも加わっていただきませんと……」っていうぐらいの感じの、日本的なきちんとした建前《たてまえ》が立って、「初めて……」だよね？

綾織　実は、「『STAP細胞の再現実験を野依理事長が主導して実施《じっし》する』と発表した」という、不思議な報道がありまして……。

野依良治守護霊　いや、わしが、共同受賞するのなら……、いや、主導的に受賞するのなら、別に構わないけどねえ、それは。
あれは分子生物学者だからね。いちおう、同類じゃないと。分野が違《ちが》えばちょっと
あれだけども、いちおう、同類は同類だからな。

綾織　では、単純に、「STAP細胞の発見を、ご自身の功績に持っていきたい」と？

野依良治守護霊　いや。「持っていきたい」というか、まあ、「わしが理事長の間に成《な》った」ということに対する報道が、ちょっと足りてないよなあ、やっぱりね。

日本の学界では「マナーこそ科学」？

斉藤　だから、理研のなかで、第三者の地位も、野依教授が主導してつくり、そこから、レシピのかたちでも、何のかたちでも、論文が出て、おそらく、野依教授の名前をお出しになりますよね？

野依良治守護霊　だから、わしの名前でやって、まあ、「協力した」ということで、（小保方氏を）山梨大の准教授に栄転させてやるぐらいでいいのよ、本当の扱《あつか》いはね。

綾織　ああ。

里村　つまり、功名心《こうみょうしん》の……。

野依良治守護霊　功名心ではなくて、それが作法なんだから、日本の学界の。

綾織　作法？

里村　作法？　やはり、「マナーの問題」ですね、そうした作法ですと。

野依良治守護霊　作法です。全部、マナーですよ。マナーこそ科学です。

里村　いや（会場笑）。今、大事なのは、マナーではありません。これは「マターの問題」なのです。

野依良治守護霊　いや。そんなことはないんですよ。マナーこそ科学で、マターの問題は、食欲の問題ですからね。

里村　ええ!?

野依良治守護霊　え？　「あんたが何を食べたいか」の問題が、マターの問題です。

里村　いえ。「STAP細胞」というものが存在して……。

野依良治守護霊　ええ？　だからね、上流階級に入れるかどうかは、マナーの問題なのよ。

だから、あなたねえ、ホテルオークラでフランス料理を食べられないような人は入るべきじゃないのよ。ええか？　草履《ぞうり》を履《は》いて、入るんじゃないのよ。え？

里村　（苦笑）まるで、私がそんなことをしたかのように、言わないでくださいよ。やってませんからね。

野依良治守護霊　え？　何か、アロハを着てねえ、ホテルオークラでフランス料理を食うんじゃないよ。それは、もう入る資格がないの。

里村　そんなことはしていません（苦笑）。

野依良治守護霊　だから、「受賞」っていうのは、「上流階級に入る」っていうことなんだよな。

綾織　まだ、「科学の実験」や「論文の世界」のマナーだったら多少は分かるのですけれども、科学とは全然関係がないマナーではないですか。「人間関係」とか、「組織の序列」とか……。

野依良治守護霊　だから、こいつはねえ、もう、マナーが分かっとらんのよ。自分の功績にしようとしてるからさあ。だから、完全孤立《こりつ》してるんじゃない？　みんな、誰も応援《おうえん》してくれないんじゃない？

9　理研の「利権の構造」とは

あくまでも「年齢《ねんれい》」にこだわる野依良治氏の守護霊

里村　しかし、先ほど、「不斉《ふせい》うんぬん」という……。

野依良治守護霊　「不斉……」、そうそう。不斉は、やめてくれ。その使い方は、やめてくれ。

里村　名前が嫌《いや》なんですか。ただ、そちらのほうの研究も、野依理事長の「野依」という名前がもう付けられていますので……（野依不斉水素化反応）。

野依良治守護霊　うーん、そうそうそうそう。

里村　ですから、小保方さんだって、やがて、ＳＴＡＰ細胞《さいぼう》が〝小保方細胞〟になってもよいではないですか。

野依良治守護霊　いや。それは、まずいんじゃない。そこまでするんだったら、もう、〝刺《さ》し殺したい〟ぐらいの気持ちになる。

里村　え？　なぜ、それほど嫉妬《しっと》されるのですか。

野依良治守護霊　だって、「わしは六十三歳《さい》ぐらいやった」って言うてんの、賞をもらったのはなあ。六十歳を過ぎて、日本の賞も出始めて、もう、みんな、「出るか出るか出るか出るか」っていうあれでな。

だけど、いきなり、不意討《ふいう》ちをかけてきたからさあ、こいつは。だから、東大が六大学野球で優勝するようなもんだからな、これは、本当にねえ。

綾織　（苦笑）まあ、いいではないですか、それも。

里村　山中《やまなか》教授だって五十歳ぐらいですよ、ノーベル賞の受賞は。

野依良治守護霊　うん、だから、それは普通《ふつう》だよ。

里村　え？　五十歳は、いいのですか。

野依良治守護霊　それだったら嫉妬されない。ちょうど、そのあたり、まあ、五十歳から六十歳ごろだったら嫉妬されないぐらいの、いちおう権威《けんい》になれる時期だわなあ。それで、下の、准《じゅん》教授だとか、講師とか、助手とかの手柄《てがら》も取れる年だよね？　年《ねん》齢《れい》的には。

人類への貢献《こうけん》より「理研の成果」が大事？

里村　しかし、今の野依理事長のような否定的な姿勢では、多くの人の利益が失われてしまいます。

その利益には、「病気が克服《こくふく》される」という、人の幸福もあれば、「日本としての国益」もあるし、あるいは、「人類の文明全体が前に進む」ということもありますけれども、これらのことがマイナスになることに関しては、どのように自覚されていますか。

野依良治守護霊　いや、今のままだったら、とにかく、それ……。まあ、そんなことはどうでもいいんだけど……。

里村　ええ？　ちょっと待ってください。

野依良治守護霊　「特許の問題」なの。特許、特許、特許の問題なのでね。「向こうが弁護士を立ててきた」っていうことはだねえ、「小保方の特許に持っていこう」としてるに違《ちが》いないからね。それで、「理研の特許を奪《うば》おう」としてるはずだから。

でも、今までの対応から見たら、特許は理研から失われる可能性が極《きわ》めて高い。

理研のほうは否定しとって、小保方だけが肯定《こうてい》してたら、彼女の特許になる可能性は極めて高いわけで、まあ、それは非常に損害を被《こうむ》りますからねえ。

それで、今、揺《ゆ》れてるやつは、理研の特許にするんだったら、賛成しなきゃいけないわけで、なかで内紛《ないふん》が起きかねないような状況《じょうきょう》が起きているわけだ。

だから、「理事長一人を追い出して、今度は逆に、理事長の責任にしたら、全部、理研の特許になって、収入になって、将来、国が予算をたくさん組んでくれる可能性もある」っていう意味で、〝寝首《ねくび》をかく〟勢力が出てくる可能性があるわけよ。

この、せめぎ合いを先週も今週も、ずっとやっているわけだから、君らの〝インチキ宗教法人〟が、万一《まんいつ》、マスコミを〝洗脳〟するようなことに成功したりしたら、大変なことになるわけよ。分《ぶん》を知りなさいよ。

里村　なるほど。まあ、いろいろな反論はあるのですけれども、それはまた別にしまして、それだけのせめぎ合いが行われているということは、要するに、理研内の政治的な話になっていて、「真実はどうなのか」という「真実の重要性」が、今、失われていると思います。

野依良治守護霊　いやあ、私は真実を教えてやる。「科学とは作法だ」っていうことを、今、一生懸命《いっしょうけんめい》教えてるわけだよ。

だから、私がノーベル賞を取って、それを取るための研究に、ほかの人が協力してたかもしれないけども、みんな部下に当たる人たちであるから、そんなことについては、死ぬまで、墓場《はかば》まで秘密は持っていく。こちらが許可した場合は別として、「自分が、あの部分は発見した」なんていうように、偉《えら》そうに言うのは、墓場まで持っていかなきゃいけない。

その代わり、こちらとしては、賞をもらった代わりに、いろいろなところに配置してやって、いいところの役職に就《つ》けてやる。こういう構造になってるんだからね。

里村　ああ、さすが、〝名理事長〟でいらっしゃいますねえ、それは。

野依良治守護霊　まあ、それは政治力がないと、理系でも、やっぱり勝てないからね。

里村　それは、ご自身、あるいは、理研という組織にとっては幸せかも分かりませんけれども……。

野依良治守護霊　うん。百年企業《きぎょう》だからね、うちも。日本最高の権威だからね。

里村　いえ。そうした理研という法人にとっては幸せかもしれません。ただ、先ほど言いました、そこで失われる人々、日本、あるいは、世界の人類文明へのマイナスということに関しては、どのようにお考えですか。「そんなものはどうでもいい」とおっしゃいますでしょうか。

野依良治守護霊　いや。「マイナス」と言っても、それは、これ（小保方）の名誉《めいよ》と引き換《か》えでしょう？　名誉と一体になっとるんでしょう？　その「救われる」っていうあれは、小保方の名誉と一緒《いっしょ》のものなんでしょう？　裏表でしょう？

里村　ええ。でも、そのようなことは、どうでもよい話ではないですか。

野依良治守護霊　それは、理研の成果にするんだったら、別に構わないですよ。

小保方さんの「研究ノートの不備」を責める本当の理由

綾織　今、特許の話をされていましたけれども、これから理研で、その再現実験を……。

野依良治守護霊　あ、そら、（小保方は）もう弁護士を何人も雇《やと》ったから、これは、次に、すごくいやらしいことを考えてると思う。

綾織　でも、「何を考えている」というのですか。

野依良治守護霊　だから、もう丸ごと、人のね、「金」と「組織」と、「器材」を使いまくって、金は全部吸《す》い上げていくつもりでおるんだ、間違いないよ。身ぐるみを剝《は》がすつもりだ、こいつは。悪いことを考えてるんだよ。

綾織　記者会見を見るかぎりでは、そのようなことはないと思います。それで、「ご自身のところで再現実験をやる」ということですが、小保方さんは、記者会見では、やはり、「細かいコツやレシピがあります」と、おっしゃっていましたけれども……。

野依良治守護霊　いや。小保方を外《はず》して、理研だけで再現できれば、小保方の功績が、やっぱり、かなり薄《うす》くなるわねえ？　ハハハ、ハハハハハ……。

里村　すごくうれしそうですね。

野依良治守護霊　「いなけりゃできない」っていうのは、大変なことですよね？　だからねえ、ノートの不備を一生懸命、責めてるけど、「レシピを全部出せ」って言っているわけよ。

綾織　あっ、この調査は、そういうことですか。「レシピを全部出せ」と……。

野依良治守護霊　そうです。「レシピを全部出せ。そしたら、おまえがいなくても俺《おれ》たちで再現できるから」って言ってるけど、出さないのよ、あいつはケチだから。出さないわけ、レシピを。

小保方さんに「レシピの論文」を書かせてあげられないのか

斉藤　プレーンな目で考えますと、そこは、本当は、小保方さんに、もう一度、論文を書かせてあげて……。

野依良治守護霊　なんで？　これだけ疑惑《ぎわく》がある人に、なんで論文を書く資格があるわけよ。

斉藤　「レシピの論文をこれから書きたい」と、小保方さんが言っているのですから、本当はそれを書かせてあげて……。

野依良治守護霊　だから、資格がもうないの。彼女は、事実上、クビになってるの！　まあ、決着がついてないから、恩義で一年間だけ、理研で契約更新《けいやくこうしん》してやったけど、態度を改めなきゃ駄目《だめ》よ、これ。

里村　ただ、昨日、小保方さんの弁護士が発表した文書でも、小保方さんは、はっきりと、「そこの手順、コツ、レシピの部分を、きちんとした時間と場所を与《あた》えてもらって、きちっとつくりたい」と述べています。その意思は……。

野依良治守護霊　いやあ、それは、理研からですな、そういう未来の「金の卵」っていうか、「金《かね》のなる木」を持っていこうとしているわけ、よそに。それをつくったら、もう、自分で持っていけますからね。

里村　いや、ですから、小保方さんを含《ふく》めた、理研の再現チームでやればよろしいではないですか。

野依良治守護霊　いや。これはねえ、君、戦いなんですよ。君らで言やあねえ、君らは、もう、何十年もいるかもしらんけど、十年も二十年もやっとるかもしらんけども、幸福の科学でいろいろ学んだ、秘密の秘儀《ひぎ》から、教義《きょうぎ》から、全部持って独立して、宗教を立てられたら、「広報」で戦うだろうが? 君ぃ。
だから、一緒なんだよ! まったく同じなんだ。まったく同じ。

里村　全然、違う問題です。

野依良治守護霊　理研のノウハウの結集でもって、こういう果実が生まれようとしているわけやから、「ここで持っていかれてたまるか」って言うのよ!

里村　残念ながら、宗教の世界はノウハウの世界ではありませんので、そういうことはないのですけれども、理研の……。

野依良治守護霊　理研っていう言葉も何か違うように聞こえてきた……(会場笑)。

里村　私も、先ほどから、違う漢字を……。

野依良治守護霊　ちょっと、何か、まずいねえ。名前替《か》えるか。

どこまでも「理研の利権」に執着《しゅうちゃく》する野依氏守護霊

斉藤　逆に、言わせていただきたいのですけれども、彼女は、ずっとハーバードで研究をされていたわけですよね？

野依良治守護霊　いや。ちょっと置いてもらっただけ。研究してたわけではないの。

斉藤　ただ、震災《しんさい》もありましたし、いろいろあったりして、「ハーバードへ戻《もど》れないから、日本で研究を」ということになって、「理研に入れていただけた」と、小保方さんは言っていると思います。

野依良治守護霊　だから、その、一宿一飯《いっしゅくいっぱん》の……。

斉藤　ということは、もしかしたら、この研究は理研で行われていなかった可能性もあるわけですよね？

野依良治守護霊　あ、それはありえる。ハーバードでやることは……。

斉藤　ということは、理研が特許にかめたわけですから、たまたまかもしれませんし、いろいろな必然もあるかもしれませんが、小保方さんに理研で研究をしてもらったことは、理研にとっては、ありがたいことなのではないのでしょうか。

野依良治守護霊　いやあ、それはねえ、君、立場を考えたら違うよ。君は、「薬学か何かをやった」とか言うとるけども、例えばだねえ、君の提案で、総裁が、こうした、「小保方か、それとも野依か」というようなガリレオ問題に手を出したとする。

君が「これをやったらどうでしょうか?」っていうことで提言して、企画《きかく》して、やったりして、これが、もしミリオンセラーになった場合、総裁のほうが気前よく、君にねえ、「ああ、だいぶ売れたから、一千万円ほど、お小遣《こづか》いをあげる」と言うんならいいけど、くれんかったら、君は怒《おこ》って暴《あば》れるだろう?だから、そういう問題なんだよ。

斉藤　それはしません、弟子《でし》ですので。

野依良治守護霊　いや、そういう問題なんだよ、そらあねえ。

里村　いえ、宗教の世界には、コツやレシピをさらに超《こ》えた、「霊能力《れいのうりょく》」という問題もありますので、これは、もう、科学とは同列には論じられません。

野依良治守護霊　うーん。まあ、それは、まったく非科学的な世界だから、一緒にはいかない。君たちは、幽霊《ゆうれい》と同居してるわけだからさ。

「神の愛」を信じる科学者、信じない科学者

里村　今回、図《はか》らずも、小保方さんは、「コツ」とか「レシピ」という表現をされましたけれども、「科学にも、数式化などが、なかなかできない分野があって、それが科学の進歩を生んでいる」という部分を、記者会見によって、ある意味で、初めて明らかにしてくれました。

野依良治守護霊　それは、実験の成功、失敗は起きるからね。「誰《だれ》でもできる」っていうのは、そら、簡単なもので（笑）、卵焼きの焼き方は、レシピを言ったら、みんなできるでしょう、目玉焼きぐらいだったら。まあ、焦《こ》がす人もいるけど、下手な人はね。

だから、もっと難しいもんだよ、それは、やっぱり、実際はね。

綾織　特に、生命科学ですし、今回みたいな万能《ばんのう》細胞の場合、小保方さんの守護霊がおっしゃっているのですけれども、「神の愛が、生命の起源にかかわっているのだ」と……。

野依良治守護霊　（舌打ち）いや、こいつ、ゴマするのがうまいなあ。宗教団体で「神の愛」って言ったら、もう、イチコロで〝落ち〟ちゃうじゃない。

綾織　いえいえ。やはり、「実験する人が、どういう思いでやっているのかが大事なのです」ということもおっしゃっていましたので……。

野依良治守護霊　いや、それは、非科学的な態度だね。極めて非科学的……。

里村　いえ。ただ、「実験する側の思いが、実験の結果にも影響《えいきょう》する」というのは、量子力学の分野でも、もうすでに、科学的に言われていることですよ。

野依良治守護霊　違う。こいつは、やっぱり、鼻の下をくすぐって、君みたいなおじさんを〝とろかす〟のがうまいのだよ、とても。

10 「私が神だ」と豪語《ごうご》する野依氏守護霊

「人間は死んだら終わり。神もあの世もない」？

綾織　あなたご自身は、「電波」とか「脳波」とかいう話をされていますが……。

野依良治守護霊　わしは、野依の思考です。思考そのものです。

綾織　はい、思考ですね。「神様とか、そういうものは、まったく存在しない」と考えていますか。

野依良治守護霊　いや、それはね、文系の「宗教学」とか、「文化人類学」の分野で、「過去、そういうものがあった」という記録があって、それを研究したり、調べたりしてる人がいる研究を否定したりはしませんけど、私らの分野ではないので、私らは、全然、そんなものは当てにもしてないし、信頼《しんらい》もしてないというだけのことです。

斉藤　小保方さんの守護霊は、「科学とは、こういうものではないか」等、いろいろ語ってくださったのですけれども、野依教授の見る科学というのは、どういうものなのでしょうか。ご自分の研究とは、どのようなものだったのでしょうか。

野依良治守護霊　だから、「科学はマナーだ」と言ってるじゃない、きちんと。さっきから、ずっと言ってるじゃないの。マナーの積み重ねなのよ。

斉藤　でも、教授の研究されてきた合成技術というのは、本当に人類に貢献《こうけん》していると思うんですね。ということは、やはり、それだけの何かをお持ちだったのではないかと思うのですけれども、何か、そういった理想はお持ちですか。

野依良治守護霊　よく分からんことを言うなあ。人間は死んだら終わりなんだからね、君、変なこと言うなよ。なんだか、分からんことを言うなあ。

里村　そうすると、神もない、あの世もない？

野依良治守護霊　あるわけないじゃない、そんなの。わしが神だよ。今日の題（前掲《ぜんけい》「『反論』真の科学の神は語る――野依良治ガリレオはオレだ!?――」）は、正しい題だ。「真の科学の神」、俺《おれ》のことだね。これは、別名、「野依良治」という。真の神。科学の神。

里村　でも、「神というのは存在しない」というのが、あなたの考えですよね。

野依良治守護霊　ああ、まあ、生きてるから、今、存在するけど、もうすぐ拝《おが》めなくなるかもしれないから、しっかり、今のとこ、拝んどくがいい。

科学には「神の介入《かいにゅう》する余地」はないのか

綾織　では、肉体が滅《ほろ》んだら、そのとき、神は、いなくなるのですか。

野依良治守護霊　写真としては遺《のこ》るからね。おたくの御本尊《ごほんぞん》と一緒《いっしょ》だよ。写真としては遺る。

綾織　それは違《ちが》いますよね。

里村　言葉としては遺る。しかし、存在は消える？

野依良治守護霊　うん。存在は消えるだろう。仏教でも、「涅槃《ねはん》に入《い》る」って言うんじゃん。それはね、消えることだ。

綾織　それは違います。

里村　しかし、「思考」というものには、姿形《すがたかたち》はありませんよ。

野依良治守護霊　うーん。

里村　肉体とは関係なく、遺るのではないですか。

野依良治守護霊　まあ、論文にしたら、思考は遺るわな、形態としてはな。

里村　いやいや。形態や論文ではなくてです。

そうすると、あなたは、そのような、見えない世界を否定したところで、科学研究を続けてこられた。そして、また、科学は、そうあるべきだ。そうおっしゃるのですか。

野依良治守護霊　いや、だからね、私は、「宗教学」とか、「仏教学」とか、「文化人類学」とかを否定してるわけじゃなくて、そちらは、そちらの学者が研究するのは結構です。「自由に、信じるなり、信じないなり、好きなようにしてください」と言ってるわけで。私の領域ではないのでね。

私の領域は「目に見える世界」なので、その領域のなかには、「神」なんか介入《かいにゅう》する余地はないと言ってるんだ。

「ガリレオは大した学者ではない」と断言

綾織　あなたがたいへん尊敬されている方だと思いますけれども、湯川秀樹《ゆかわひでき》博士は神様を信じていましたし、あの世も信じていました。そのなかで、成果を出されているわけですよね?

野依良治守護霊　ああ、ちょっと怪《あや》しいなあ。これは、後追いで言ってるかもしれない可能性が高いから。

里村　ガリレオ様も、一年前にここ（幸福の科学総合本部）に来られて、これからの科学の方向性として、霊界《れいかい》を探知する方向ですとおっしゃいました（『公開霊言《れいげん》　ガリレオの変心』〔幸福の科学出版刊〕参照）。

野依良治守護霊　ガリレオは今、ちょっと問題が出てきてるので。だからさあ、小保方に持っていかれて、わしのほうに来たり、あっち行ったり、こっち行ったりして、ガリレオは勝手に使われて、有名になりすぎてるんだよなあ。俺たちから見りゃあ、あんなのは大した学者じゃないんだから。

里村　え!?「ガリレオが」ですか。

野依良治守護霊　あんなんは、大した学者じゃな

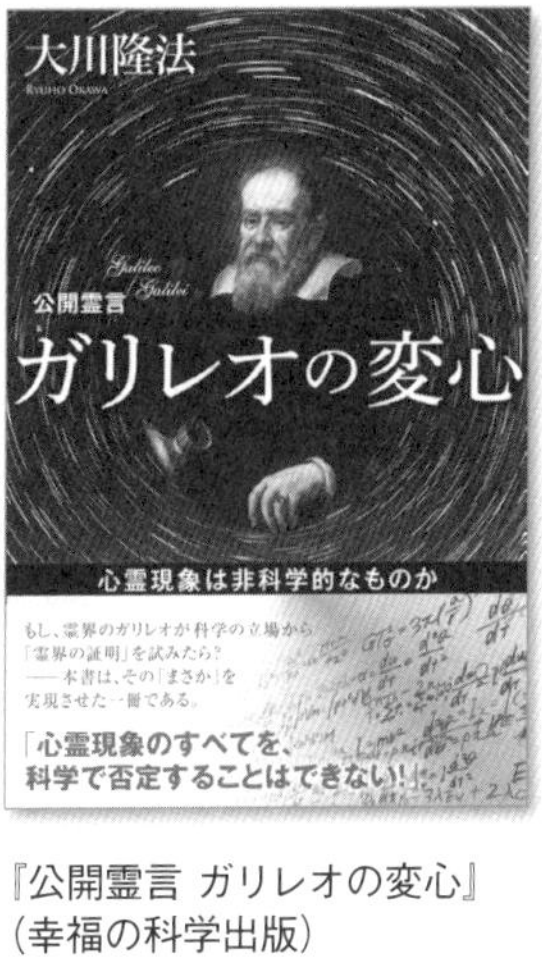

『公開霊言 ガリレオの変心』
（幸福の科学出版）

い。

綾織　そうですか。

野依良治守護霊　大した学者じゃなく、大工《だいく》に毛が生えたようなもんだよ。

里村　え？　ちょっと待ってください。なんでですか。なぜそう思うのですか。

野依良治守護霊　大した実験をしてないじゃない。今から見りゃあ、やってるのはこんなの、子供みたいな実験だわ。当たり前のことじゃん。

綾織　いや、当時は、誰《だれ》も言っていないことを言ったわけですよ。初めてのことだと思いますね。

野依良治守護霊　そんなのは、当たり前のこっちゃない。

綾織　まあ、今は当たり前ですが。

野依良治守護霊　鉄球だって、木の球《きゅう》だって、空気抵抗《ていこう》が一緒なら、一緒に落ちるのは当たり前やん。

霊界《れいかい》科学など、確立されていない分野は「ない」のと一緒《いっしょ》？

里村　いや、「当たり前にしていく」ということが、要するに、科学の素晴《すば》らしさじゃないですか。だから、「このような守護霊が来てしゃべっている」ということは、思考するエネルギー体がそれを伝えてきているわけです。

このシステムを研究することが科学であって、「そういうものはインチキだ」というふうに証明もできないのに否定することは、科学的ではないのではないですか。

野依良治守護霊　今のところねえ、君らが言うのは勝手だけれども、「霊界《れいかい》科学」なる分野は確立されてないの。確立されてない分野は「ない」のと一緒《いっしょ》なの！

里村　どんな科学も、最初は確立されていません。「天文学」もそうです。「惑星《わくせい》物理学」もそうです。「量子力学」もそうです。最初から確立している学問分野なんかありません。

野依良治守護霊　君らがいくら宇宙人の話をしたって、実際につかまえて、檻《おり》のなかに入れないかぎり、誰も信じないの。

里村　しかし、それに関しても、「宇宙生物学」として、だんだんと始まっていますよ。

野依良治守護霊　うーん、だけど、それは、ちっちゃな生き物かなんかなの、そんな……。

里村　どんな科学の分野でも、最初は小さいです。

野依良治守護霊　ええ、ちっちゃいミミズみたいなもんを探してんだ？

里村　それが、やがて大河《たいが》になって流れることになります。

「実験できないものは認めない」という実験科学の世界

里村　さらに、われわれは、四次元から高次元の世界について、霊界的に探究していますけれども、今、リサ・ランドールという女性科学者がいます。まさに、野依先生の好きなアメリカのハーバード大学の教授ですが、そういう方たちが五次元や六次元に関して、物理学のジャンルで明らかにしてきています。

野依良治守護霊　ハーバードにもおかしいのがいっぱいおるからねえ。やっぱり、奇《き》人《じん》・変人もいることはいるので。

綾織　いえいえ。

里村　でも、これが科学の進歩です。

野依良治守護霊　うーん。わしらはね、実験科学の世界だから。実験科学では、実験できないものは存在そのものを認めないの。

だから、実験しない「空想科学」も多少あることはあるけど、そういう頭のなかで考えた理論的な……。

綾織　いえいえ。それも十分、科学ですよ。

野依良治守護霊　このねえ、頭のなかで考えた空想科学も一部あることはあるけども、妄想《もうそう》まで行ったら駄目《だめ》。〝妄想科学〟まで行ったら、それは宗教や霊界科学というもので、そちらになる。

里村　ただ、「地球が回る」というふうに言っているのも、最初は「妄想」と言われ、「空想」と言われ、「ほら吹《ふ》き」と言われましたよ。やがて、それを船で航海して実験するような方が現れたり、だんだんと、望遠鏡で観測ができるようになったりして、これが事実として、常識として固まってくるんです。

野依良治守護霊　何言ってんの。だから、「地球が丸い」とか、「回転している」とかを認めなかったのは、宗教じゃねえか。ガリレオ裁判だとか、コペルニクスだとか、みんな、いじめたのは宗教だ。

綾織　古い宗教はそうですね。

野依良治守護霊　君らは、宗教として反省しろよ。君らが言ってることは、いつも間違うことになってるの、法則的には。

綾織　それは違います。

里村　つまり、あなたの立場が否定する側、つまり、異端審問《いたんしんもん》の審問官になっているんですよ。

野依良治守護霊　いや、君がローマ法王《ほうおう》か？　そうか、そうか。

里村　いやいや、そんなことは言いません。

野依良治氏守護霊が「ガリレオはオレだ」と語った真意

綾織　今回、あなたは、タイトルを指定されていますけれども（前掲《ぜんけい》『反論』真の科学の神は語る――野依良治　ガリレオはオレだ!?――」）、「ガリレオはオレだ」という意味は何ですか。

野依良治守護霊　だから、君らがいじめてクビにしようとしてるのが俺だっていうことだよ。

綾織　いや、いじめているわけではありません。

野依良治守護霊　ええ？

里村　何も、そんなつもりはありませんよ。

野依良治守護霊　いや、もう、「断頭台に立たされるかもしれないから、撤回《てっかい》しろ」って言われてるんでしょ？　わしは、ＳＴＡＰ細胞《さいぼう》は偽物《にせもの》だと思ってるから、考えを撤回する気は……。

綾織　いやいや、さっき、「特許が必要だ」と言ったじゃないですか。

野依良治守護霊　いや、特許を撤回する暇《ひま》はないけど、まあ、みんなが騙《だま》された場合は、これは存在することになるけどね。騙された場合にはね。わしは、「存在しない」と思ってるけどね。

里村　存在しないと思っているんですか。

野依良治守護霊　ええ？　存在するわけないじゃん、こんなものは。アホなこと言うなよ。だから、例えば……。

里村　じゃあ、特許もその先、撤回したらどうなんですか。

野依良治守護霊　ええ？　なんか細胞を酢《す》に浸《つ》けたら、万能《ばんのう》細胞になる話だよ、簡単に言えば。「ええかげんにせい」って言うんじゃ。ええ？

「誰《だれ》にでも見破れる詐欺《さぎ》では収入にならない」と主張

里村　「特許詐欺《さぎ》」という言葉も、今、出ていますけれども。

野依良治守護霊　いや、まあ、特許詐欺って言うけど、それは特許庁が認めたら、それで終わりなんだから、しょうがないじゃない。そんなもん。

里村　いやいや、これは非常に科学的に大事な進歩の話なので、特許詐欺などというレベルで捉《とら》えないほうがよろしいと思います。

野依良治守護霊　いや、特許詐欺って言えば、結果的には、そういうこともないわけでもないから。その前の手順としては、「詐欺っていうのは、非常に巧妙《こうみょう》に手順をしっかりしていかないと駄目なんだ」っていう……。

里村　ええ？

野依良治守護霊　だから、そういうね、誰《だれ》にでも見破れるような詐欺をやったら駄目なんだから、それは手品師と一緒なのよ。手品は、みんなに見破られたら、もう、収入にならないですよ。

里村　私には、だんだん科学者じゃなくて、詐欺師に見えてきましたけど（会場笑）。そのようにおっしゃる……。

野依良治守護霊　コペルニクス的転回を、君らは持たなきゃいけないよね。

「理系人間としての完成度」で認められるべきなのか

斎藤　ただ、野依教授の研究であっても、パスツールのときから、「実験室内の人工的な環境では、不斉合成《ふせい》はできないものだ」と言われていた常識を覆《くつがえ》されたのだと思うんですよね。

野依良治守護霊　うんうん。

斎藤　同じことではないでしょうか。「常識を覆された」ということでは一緒ではありませんか。

野依良治守護霊　まあ、それは、常識を破らないといかんところは、それはそうなんだけどね。結果的にはね。
ただ、それまでの、何て言うか、理系人間としての完成度っていうのは、やっぱり、見られてるわけであってね。「ここまで来た人には、何か、賞を出さないといかん」という空気が醸成《じょうせい》されてきて、やっぱり、それは、認められるべきものなんだからねえ。

里村　いや、個人の完成度の問題ではなくて、テーマは科学の進歩です。文明の進歩です。

野依良治守護霊　うーん。

里村　ここがいちばん大事なんです。ここをずらしたら……。

野依良治守護霊　こいつ（小保方氏）ね、名前を付けるのがうまかったの。ＳＴＡＰ細胞っていう分かりやすい、こんな言い方を使ってる。この名前の付け方が天才的なのね、ちょっとな。

「〝ガリレオ裁判〟を受けている」という認識がある

里村　今、ガリレオに対して、「『地球は回っている』という考えを放棄《ほうき》しろ」と迫《せま》ったようなお立場に立たれていませんか。

野依良治守護霊　いや、俺が今、迫られてんだよ。

里村　え？

野依良治守護霊　だから、こんなもん（STAP細胞）は存在しないのに、「存在する」っていうことを言わされようとしてるわけで。撤回させようとする、われわれが〝ガリレオ裁判〟を受けてる。〝ガリレオ裁判〟を受けてるのは、俺なんだからさあ。宗教に呼ばれて、やられてんだよ。ええ？

里村　つまり、「ご自身が今、〝ガリレオ裁判〟にかけられている」というご認識なんですか。

野依良治守護霊　そうそうそうそう。私のほうが今、クビが危なくなってきてるんだから。「わしのクビが危なくならなかったら、おまえらの宗教がインチキ宗教だ」ということで、これが認定されるんだからさ。

「真実とは作法を守ること」という見解

綾織　あなたが貫《つらぬ》こうとされている「真実」というのは、何なんですか。

野依良治守護霊　真実っていうのは、やっぱり、「作法を守ること」ですよ。

綾織　（苦笑）

野依良治守護霊　フランス料理の醍醐味《だいごみ》は、やっぱり、作法ですからね。

綾織　いやいや、フランス料理は、その内容、味が大事なんですよ。作法は二の次ですよ。

野依良治守護霊　実験科学っていうのは、そういうもので、作法なのよ。すべて作法なの。

斉藤　もしかして、遠い昔に、そういう作法をご自分がされていなかったことによって、異端審問をかけられたような記憶《きおく》がよみがえってきますか？

野依良治守護霊　君の日本語は分からないから、もう一回、小学校から国語をやり直したほうがいいよ。何を言ってるか、さっぱり分かんない。

里村　要するに、「かつて科学者として裁かれたことがおありですか」ということを訊《き》きたいんです。

野依良治守護霊　どういうことを言ってるの？　今回は成功しかない人生だったから、七十五になって、今、初めて危ないことを感じてるわけじゃないですか。もしかしたら、裁かれる可能性があることを、今……。

里村　でも、今までもありましたよね？

野依良治守護霊　ここまで来たら、守らなきゃいけない（机を叩《たた》く）。やっぱり、ここまで来たら、ノーベル賞学者は守らないと。

科学者になった理由は「戦後の流行《はや》り」だから

綾織　かすかな記憶でよいのですけれども、過去世《かこぜ》で中世のヨーロッパに生きたりした記憶がありませんか。

野依良治守護霊　いや、だから、歴史を繰《く》り返し読んだりすると、そういうのが頭のなかに記憶で残って、ときどき、妄想でこんなんが出る人がいるわけよ。

やっぱり、それは、医学の領域だから、わしの領域じゃないんで。精神医学のほうで、ちょっと、それは調べなきゃいけない。そうした病人だからね。いちおう隔離《かくり》して、分析医《ぶんせきい》が、毎日、ちゃーんと面談して調べるべきだね。

里村　ただ、ご自身が科学者、化学者を志《こころざ》したきっかけは、「ナイロンが水と空気と石炭からできていることが面白《おもしろ》いと思った」と？

野依良治守護霊　うん。

里村　私なんか、全然、面白いと思わないんですけれども（会場笑）。あなたがそういうふうに思われたということは、やはり、何か、そういう素質というか、素材のようなものが、あなたの魂《たましい》の奥底《おくそこ》にあったわけです。なぜ、それを面白いと思って科学者になったのですか。

野依良治守護霊　いや、それは、戦後の流行《はや》りじゃないの。そんなもん。ナイロンって流行りだよ。

里村　いやいや、戦後の流行りと言いましても、「どうして、それができるのか」ということに興味を持つというのは……。

野依良治守護霊　持ったら何が悪いの？

里村　やはり、科学者の魂でいらっしゃいますので。

野依良治守護霊　持ったら何が悪い。ええ？

里村　いや、「悪い」と言っていないですよ、私は。

野依良治守護霊　何が悪い、何が悪い。「科学者の魂」って、何が言いたいわけ？

里村　いやいや、「悪い」とは言いませんよ。

野依良治守護霊　「科学者」と言やあいいの。「科学者の魂」なんて言われると、なんか、わしはオリンピックかなんかみたいに〝飛んでる〟ように見えるじゃないか。

化学が無から有《ゆう》をつくり出す「錬金術《れんきんじゅつ》」であると認める

里村　ただ、野依理事長のご専門の「化学」というのは、中世において、「錬金術《れんきんじゅつ》」から発展してきたことはご存じですよね？

野依良治守護霊　まあ、ある種の錬金術であることは事実だよ。間違いなく、それは無から有をつくり出すところの、そういう錬金術であることは確かだよ。

里村　錬金術師であられたんじゃないですか。

野依良治守護霊　うん？　ああ、君らの言うことは分からないんでね、何が言いたいのか。

里村　では、「無から有《ゆう》が出てくる」ということは、お認めになるわけですね？

野依良治守護霊　それが科学なんじゃないか。それをねえ、つくり出すことが。

里村　そうしたら、ＳＴＡＰ細胞だって、大いにありうると？

野依良治守護霊　鉄の板が空を飛ぶようになったりするからね。今、鉄じゃなくて、軽金属、合金だろうけど、合金が空を飛ぶようになるわけですよ。うまくつくればね。

里村　うんうん。

野依良治守護霊　浮力《ふりょく》の計算をして、うまくつくれば飛ぶ。鉄の船だって浮《う》くんだから。浮力の計算をちゃんとすればね。

守護霊であることを理解できず「思考そのもの」と称《しょう》する

綾織　あなたご自身が、誰かと話をされることはありますか。

野依良治守護霊　「誰かと話をする」ってどういうこと？　今、君たちと話してるじゃん。

綾織　はい。今、話をしていただいています。脳波でも、念波《ねんぱ》でもいいんですけれども、そういうエネルギー体のようなものと話を……。

野依良治守護霊　君は、分からんことを言う人だねえ。僕《ぼく》はね、理事長として仕事をしてるんだからさあ。毎日、いろんな人と会ってるわけよ。「誰かと会いますか」って、君、ちょっと頭がおかしいんとちゃうか。

綾織　あなたご自身は、野依さんの守護霊さんなんですけれども。

野依良治守護霊　「守護霊」って、君らが勝手につけてるから、それに乗ってるだけで、私は、「野依の思考そのもの」なんだから。

綾織　思考そのもの？

野依良治守護霊　うん。

里村　いちばん潜在《せんざい》的というか、野依さんの根本《こんぽん》の……。

野依良治守護霊　まあ、心理学ではそういう考えもちょっとあるけどね。深層心理学だと、いろいろ隠《かく》れた意識とかあるけど、それは専門じゃないから、私はよく分からんけども。

霊界《れいかい》での話がまったく理解できない野依氏守護霊

綾織　地上に生きている人間以外の存在と話をすることはあります?

野依良治守護霊　「地上に生きている人間以外の存在と話をする」って、どういうこと?

里村　平たく言えば、今、孤独《こどく》で大変だと思うんです。先ほどから、お立場について「クビになりそうだ」とかおっしゃっています。

野依良治守護霊　ああ、うんうん。

里村　そのように大変ですので、どなたと相談をされていますか。

野依良治守護霊　まあ、それは幹部と相談してるよ。

里村　理研の幹部？

野依良治守護霊　うん。それから、外からもアドバイスは、いろいろ受けてるし。

里村　外から？　誰ですか。

野依良治守護霊　いや、外っていうのは、外部の関係者だな。それとも相談はしてるし。

だから、マスコミ関係や、それから政府関係、文科省関係、いろんな人から問い合わせとか、相談とか、「どういうふうにしたほうがいいか」「着地はどうすべきか」っていう相談を受けてるよ。

「ザ・リバティ」の号外など、宗教の攻撃《こうげき》で混乱が起きている

綾織　あなたは、小保方さん、あるいは、ＳＴＡＰ細胞そのものを〝葬《ほうむ》り去る〟方向で動いていると思うんですけれども。

野依良治守護霊　いや、ほとんど、九十九パーセント成功してたんだ。

里村・綾織　え？

野依良治守護霊　九十九パーセント、それに成功しかかって……。成功してたんだ。いや、おたくが、変な「ザ・リバティ」の号外なんかを出して、もう宗教が暴《あば》れて……。

綾織　いや、暴れているわけではなく……。

野依良治守護霊　なんか（記者会見で）質問したりするし。あんなところ（記者会見の会場）に入れちゃいけないのに入れた。

綾織　いえいえ。正当な行為《こうい》です。

野依良治守護霊　おかげで、何だかわけが分からなくなってきて、ほかのマスコミだって、弱いのが一部あるから。

綾織　やっと分かってこられたんだと思うんですよね。

野依良治守護霊　宗教が攻撃《こうげき》をかけてきて、うちの売り上げが減ったら、どうしようかとか思う者が出てくるんで、それでちょっと混乱が起きていて……。実に科学的でない。

「若い人」を愛し、道を残すことを考えているのか

綾織　葬《ほうむ》り去ろうとする主体に、あなたご自身もいらっしゃると思うんですけれども、誰かに強く言われていることはありますか。

野依良治守護霊　「誰かに強く言われてる」って、どういう……。

綾織　「これはもう、潰《つぶ》さないと駄目なんだ」というようなことを、誰かから言われていることはありますか。

野依良治守護霊　うーん。いやあ、それは分からないけど、私は若い人を愛してるからねえ。

綾織　ほお。

野依良治守護霊　だから、そういうねえ、山中《やまなか》（伸弥《しんや》）君とか、次に私のあとを追ってくるような人たち……。

綾織　「若い」って、何歳《なんさい》までの方ですか。

野依良治守護霊　え？　「若い」っていうのは、四十代ぐらいまでのことだよ。あとを追ってくる人たちのために道を残してやらないかんからね。

綾織　それは、ご自身の主体的な考えなんですか。どこかから伝わってくるものはあります？

野依良治守護霊　君ねえ、精神病棟《びょうとう》に行ったら、臨床《りんしょう》実験ができるようなことを、今、君は……。

綾織　脳波でも、心の奥底からでも結構です。

野依良治守護霊　僕がなんかねえ、「そういう精神異常を起こして、いろんな人の声が聞こえますか」とか言われてる感じに聞こえるねえ。それは病気なんだよ。心の病気なんだ。だから、それを言っちゃ駄目なのよ、科学者として。

「日本的礼儀《れいぎ》作法」を知らない小保方氏は許せない

里村　分かりました。本当にご自身の心の底から、「若い理系の女子が活躍《かつやく》するのは許せない！　生意気《なまいき》だ！　功名《こうみょう》を奪《うば》われたくない」と思われているわけですね？

野依良治守護霊　まあ、「許せない」っていうことだ。それがわしの娘《むすめ》だったりすれば、構わないんだけどね、それは許せるけど。

里村　そうであれば、「野依」という名字が付いて回りますからね。

野依良治守護霊　そうそうそう。それは構わない。それは構わないけどね。

里村　ええ。

野依良治守護霊　ちょっと、こいつ（小保方氏）は、何て言うか、そういう「日本的礼儀《れいぎ》作法」を知らんのよね。

里村　ずっと「作法、作法」とおっしゃっていますが、やはり、どこかでたいへんな挫折《ざせつ》体験がおありなんですね？

野依良治守護霊　誰に？　いや、私の人生には成功しかないから、分からない。

里村　いやいや、そんなことはありません。名古屋《なごや》大学の総長選挙も落ちていますし（会場笑）。

野依良治守護霊　君は嫌《いや》なマスコミだね。

里村　いえいえいえ（笑）。これは言うつもりはなかったんですけれども、思い出していただきます。

野依良治守護霊　やっぱり、人間として失格やね。「人間失格」。君こそ、あの太宰治《だざいおさむ》の生まれ変わりじゃねえか。

里村　（苦笑）生まれ変わりをお認めになる？

野依良治守護霊　ええ？　まあ、宗教相手に冗談《じょうだん》を使っただけですから。

11　幸福の科学の霊言《れいげん》で「揺《ゆ》らぎ」が生じてきた

ＳＴＡＰ細胞の発見を護《まも》るかどうかは「協議中」

里村　ここで少しまとめたいのですけれども、今回、理研としては、ＳＴＡＰ細胞という画期的な発見を護《まも》るつもりはない？

野依良治守護霊　いや、それで今、揉《も》めているところなんだ。

里村　今、揉めてる最中《さいちゅう》？

野依良治守護霊　協議中なんだよ。これが、もし認められる方向に日本が進んでいくっていうんだったら、「いや、ほんとは、もともと、わしも応援《おうえん》しとったんだ」って言わないといかんからさあ。

里村　あっ。

綾織　ああ、なるほど。

野依良治守護霊　そのときにはそう言わないと。

里村　そのように変わられるわけですね？

野依良治守護霊　もちろん、そうだ。そう言わないといかんけど……。

綾織　それでよいのではないですか。

野依良治守護霊　いや、空気がどう動くかを、今、読んでるところなんだ。事前に（会場笑）。

綾織　いやいや。それで行きましょうよ。

野依良治守護霊　ええ？

綾織　そのほうがいいと思いますよ。

野依良治守護霊　「ほんと、わしは一生懸命《いっしょうけんめい》に教えてたのに、下のやつがなかなか頑《がん》固《こ》で言うことをきかなくて」っていう言い方もある。

どちらに転ぶかが分からず困っている理研とマスコミ

里村　しかし、今では、科学界からも、科学者などの専門家からも、例えば、「ノーベル物理学賞を受賞した江崎玲於奈《えさきれおな》さんのノーベル賞論文にしても、二ページの、ある意味、極《きわ》めてざっくりしたものだった」という、いわゆる擁護《ようご》論も出始めています。

野依良治守護霊　うーん。

里村　そして、今、素人《しろうと》のマスコミの人たちも、徐々《じょじょ》に徐々に、「これは、もしかして……」というかたちになってきていて、変わってきていますよ。

野依良治守護霊　いやあ、君らが〝殴《なぐ》り込《こ》み〟をやってからあと、新聞の論調は、ちょっと腰《こし》が砕《くだ》けてきてさあ。なんか、みんな、責任を取らされないよう、どっちでもいいように書き始めたので、どっちに転ぶか、ちょっと分からなくなって、政治のほうも、どっちに転んでくるか分からない感じになってる。

うーん。ちょっと私は、君らの研究が十分に足りてなかったので、どのくらいの力があるのか、測定が十分にできないから、どのくらいまで力があるのか分かんないんだけども。
とにかく、負けたら、わしのほうが〝ガリレオ裁判〟にかけられるっていうことは分かる。

綾織　（笑）〝ガリレオ裁判〟ではありませんが、やはり、今のスタンスのままであれば危ないと思いますよ。

野依良治守護霊　いや。でも、ちょっとねえ、マスコミはもともと、若くてかわいらしい女性みたいなのが好きなんだけどさあ。やっぱり、横槍《よこやり》が入って、「偽物《にせもの》だ」「騙《だま》された」っていうことになったら、マスコミのほうは売り上げが落ちるし、こちらも権威《けんい》が失墜《しっつい》するから。
それで、責任を取らされないように、一生懸命に批判し始めたのに、「やっぱり本物だ」って言われたら、「ああ、やっぱり、本物だった。どうしようか」って言うし、まあ、あっちもみんな、困ってるんだからさあ。どっちかにしてくれなきゃ。

里村　ええ。

小保方氏の研究を「偽装《ぎそう》工作」と決めつける野依氏守護霊

綾織　では、「チャンスを与《あた》えてあげましょう」ということでいいじゃないですか。それで検証すればよいのではないですか。

野依良治守護霊　だいたい、これ……（笑）、科学に対してねえ、「守護霊インタビュー」なんて手で戦いを挑《いど》んでくるって、こんな目茶苦茶《めちゃくちゃ》なことをするんじゃないよ！　ええ？

里村　いや、しかし、これは、今回のような研究をして、（新発見に対して）「あります」と言っている人の人格、まさに、人間的な傾向性《けいこう》などを調べるという、宗教のスタンスからの検証なんですよ。

野依良治守護霊　もう、あいつについとる弁護士も、悩乱《のうらん》したんやな。

里村　ほう。

野依良治守護霊　こんなのにまで頼《たよ》らないといかんようになったっていうのは、もう、負けが続いてるから……。

里村　いやいや、頼っているわけではないです。

野依良治守護霊　ええ？　負けが続いてる……。

里村　頼っているわけではないんです。

綾織　こちらが検証をしているだけです。

野依良治守護霊　だから、（小保方氏が）やったことはね、船場吉兆《せんばきっちょう》の（食べ残しを）使い回したっていう、あの偽装《ぎそう》工作と一緒《いっしょ》なんだから。弁護士は負けることになっとるんだからさあ。

里村　いや、やっていませんよ（苦笑）。偽装ではないです。

野依良治守護霊　まあ、宗教のほうから金をもらおうとしてんじゃないか。本人は持ってないから。ええ？

里村　私たちは、宗教の観点から、真実の証明の一側面をしようとしているんですよ。

野依良治守護霊　ああ。

里村　ですから、どうか、今度は、科学的な側面からの証明も、ぜひ進めていただきたいんです。やはり、それが、科学に携《たずさ》わる方の使命だと思います。

理研の女性の活躍《かつやく》は「助手としてならいい」

里村　「若いから」とか、「学校がどう」などとおっしゃっていますが、あるいは、女性の活躍《かつやく》も駄目《だめ》ですか。

野依良治守護霊　いやあ、理研は女性が活躍してますよ。

里村　では、よろしいんですよね？

野依良治守護霊　助手としてはね、うん、うん。

斉藤　女性は、研究者ではなく、補助者的立場の方が多いと思いますね。

野依良治守護霊　そうですねえ。まあ、お茶汲《ちゃく》み以上の仕事はやらせてるはずだけど。

すでに今、「歴史の法廷《ほうてい》」に立っている

斉藤　野依教授がされたお仕事のなかで、一つ、大きなものとしては、民主党政権時に、政府による「事業仕分け」がされたときのことがあります。

政府が、科学研究費を減らそうとしていたときに、「研究者を護る」というスタンスで、「将来、歴史の法廷《ほうてい》に立つ覚悟《かくご》でやっているのかと問いたい」という、非常にかっこいい言葉を残されています。

野依良治守護霊　君、理研に入るべきだったねえ。

斉藤　（笑）私は、この言葉は、本当にかっこいいと思いました。

野依良治守護霊　そうしたら、俺《おれ》を、こういう〝ガリレオ裁判〟にかけることもなく、歴史に汚名《おめい》を遺《のこ》さずに済んだんだ。

斉藤　ただ、このＳＴＡＰ細胞についても、必ず、「歴史の法廷」に立つことになりますので。

野依良治守護霊　いや、もう立っとるよ！　これは、もうすでに。

斉藤　もう立っていますね（笑）。

野依良治守護霊　もう立ってるだろうよ。〝人民裁判〟ですから。

綾織　いやいや。

野依良治守護霊　もう、本当に、日本全部だよ。外国まで入ってるの。今は外国まで入ってきてる。

綾織　「あなたが、ローマ法王《ほうおう》や、異端審問《いたんしんもん》をした裁判官の立場になってしまう」というのが今の状況《じょうきょう》です。

野依良治守護霊　わしが裁判官になるの!?

綾織　ええ、そうなってしまいますね。

野依良治守護霊　そーんなことは……。私は単に……、ああ、君たちの言葉で言やあ、「愛の塊《かたまり》」だから。もう、すべての理研の利権と、そこにいる人たちを護ろうとしてるだけなんだからさあ。

綾織　理研の利権……（笑）。はい。

小保方氏の研究ノートの冊数と内容に不満をこぼす

斉藤　ただ、やはり、野依先生も偉大《いだい》なる科学者でいらっしゃいますので……。

野依良治守護霊　そうなんだよ！　そうなんだよ！　そうなんだ！

斉藤　ええ、あの……。

野依良治守護霊　でも、君、「も」っていう言い方は、ちょっと国語的には正しくない。

斉藤　あ、そうですね。

野依良治守護霊　「は」！　「は」で言わなきゃいけない。

斉藤　そうですね。野依先生「は」、日本の科学界にとって、本当に重要な方でいらっしゃいますので。

野依良治守護霊　そうそう。

斉藤　ですから、このＳＴＡＰ細胞につきましても、やはり、「お作法どうこう」ではなく、科学者の目から見ていただきたいのです。

これは、本当に、ガリレオのときと同じだと思うんですよ。

「地球が本当に丸いのか。太陽の周りを回っているのか」という事実によって、最後、判定が下っているように、このＳＴＡＰ細胞も、結局、最後は、「あるのか、ないのか」というところが歴史の法廷に立ちます。野依教授は、偉大な科学者でいらっしゃいますので、ぜひ、科学者の目から……。

野依良治守護霊　こいつは、ちょっとねえ、理研の上司をなめとるのよ。ノートの提出のときに、まあ、一冊は、いちおう、実験らしきものを書いてた。だけど、もう一冊は、落書き帳みたいなのを出してきよったからさあ。

斉藤　（笑）

野依良治守護霊　完全になめ切ってるのよ、これ。

里村　ただ、ノートの数の多寡《たか》は、科学的な成果とは関係がありませんよ。

野依良治守護霊　いやあ、普通《ふつう》の人は、それを言えば、もう十分に通用するの。

里村　いや、そんなことは……。

野依良治守護霊　これは、真面目《まじめ》な実験者でなかったことが分かるから。

里村　今までも、アインシュタインや、あるいは、それこそガリレオが、「実験ノートをたくさん遺して、その数で真実かどうかが決まった」というわけではないですから。

野依良治守護霊　うーん、まあ……。

小保方氏に対する見方は「急速に変わってきている」

里村　ただ、今、確かに、小保方さんに対する見方が、少しずつ変化してきているのも、感じられるわけですね。

野依良治守護霊　それは感じてるよ。もう急速に変わってきてるよ。

里村　そして、今、少し、どうしようかと考えていらっしゃると？

野依良治守護霊　もう、〝へんてこりん〟な取材とか意見とかが、いっぱい入ってき始めているし、政治家まで、ときどき、「小保方がガリレオみたいだ」「『それでも地球は回る』みたいな感じのことを言ってる」とか、何か言い始めてるから……。

綾織　だんだん、ローマ法王の立場に立たされようとしています。

野依良治守護霊　ええ？　ローマ法王……、わしが？

綾織　ええ。そうです。

野依良治守護霊　そんな、ローマ法王っていうことはない。そんなことは、そんな……。

綾織　異端審問の裁判官です。

野依良治守護霊　そんな権力は、別に、何もないけども。

小保方氏が弁護士を雇《やと》わなければならなかった本当の理由

野依良治守護霊　とにかくねえ、うーん……、ちょっと迷惑《めいわく》してるわけよ。

綾織　はい。

野依良治守護霊　この〝迷惑料〟をどうにかしてくれないと……。

里村　しかし、それがやがて、大きな、大きな名声になりますから。

野依良治守護霊　理研の社員でありながら上司を信じないで、外部の弁護士を抱《だ》き込《こ》んで、理研と法廷闘争《とうそう》も辞さないような格好《かっこう》をするっていうのは、頭おかしいよ、これ。

綾織　いいえ。それは、そちらが、小保方さんに発言をさせてあげなかったからですよ。

里村　そうです。理研のほうが、発言の機会をつくらなかったからです。

野依良治守護霊　理研を辞《や》めてから、弁護士を雇《やと》って戦いなさいよ。ええ？

里村　いや、ここはむしろ、理研の社員だからこそ、護るべきだったんです。

野依良治守護霊　〝細胞分裂《ぶんれつ》〟を起こそうとしてるわけだ。理研に〝細胞分裂〟を起こして、なかの職員を引きずり出して、独立して、何かつくろうとしてるんじゃない？　きっと、研究所でもさ。

STAP細胞があった場合の「自己弁護」をし始める野依氏守護霊

綾織　理研のなかでも、かなり議論がされているわけですね。

野依良治守護霊　うーん。

綾織　「このままだとまずい」ということになっているわけですね。

野依良治守護霊　いや、だから、どっちに転ぶか、ちょっと分からないからさあ。

綾織　はい。この霊言《れいげん》も、すぐに本となって発刊されることになると思いますので。

野依良治守護霊　小保方が辞めないんだったら、俺が辞めなきゃいけなくなる可能性は、極めて高いよねえ。

里村　いえ、両方とも残る道は、まだまだあります。

野依良治守護霊　うーん。だから、今回の〝会見〟では、両方（の意見を）言っておかないと、やっぱり、ちょっとまずいのかあ。

里村　最後は、「科学的事実は、こうだった」と……。

野依良治守護霊　いや。本当は、最初、「もしかしたら、あったらいいな」と願ってはいたんだけど。

里村　はい？（笑）願っていた？

野依良治守護霊　だけど、その後、「論文にミスがある」とか、いっぱい指摘《してき》された。やっぱり、これを通したとあっては、理研の権威にかかわることだから、「今後の科学者が、全部、疑われて、後世にずーっと汚名《おめい》が遺るようであってはいけない」ということで、厳密にすることが愛だと思って、厳しいムチをくれてやったけども、それを乗り越《こ》えてこようとする小保方君には、偉《えら》いところがあるなあという気持ちも、一部にないわけではないんだけどね（会場笑）。

綾織　ああ、そうですね。偉いですよね（笑）。ぜひ、それを受け入れて、実験も進めてもらえると、また、素晴《すば》らしい結果が出ると思います。

里村　はい。

野依良治守護霊　わしの名誉《めいよ》を汚《けが》さんでいただきたいね。関係ないんだから。彼女なんか……。

里村　小保方さんが、今回のことを乗り越えていけば、野依理事長の名誉も、一緒についていきますから。

綾織　そうです。

野依良治守護霊　いや、そのときは、「わしも、そうやと思っとったんやけども、周りがいろいろ言うもんで、あえて、悪役を演じた。彼女を護るために、わしが悪役になって攻撃《こうげき》をしとれば、彼女がほかから攻撃されずに済むと思って、そういうふうに悪役を演じておったんだ」ということにしてもらえないかな？

里村　ああ、はい。

綾織　では、それでいいと思います。

野依良治守護霊　うん。

綾織　ぜひ、その方向で（笑）、彼女を護っていただければと思います。

小保方氏がよそに引き抜《ぬ》かれたら「まずい」

野依良治守護霊　まあ、ＳＴＡＰ細胞があるかどうかは、時間の問題で解決できることなんで。

里村　はい。

野依良治守護霊　研究して成果を出せば、それは分かることだから。

綾織　そうですね。

野依良治守護霊　そうさせないためには、〝干《ほ》し上げる〟のがいちばんです。「金」と「スタッフ」と「器材」と「研究室」を取り上げたらできないからね。

うーん。だけど、これだけ有名になったら、もしかすると、ほかのところが引き受ける可能性が出てくるので。

里村　ええ。もうすでに、シンガポールなどから……。

野依良治守護霊　まずいんだ。ほかのところでやられたら、ちょっとまずいからさあ。

里村　日本国内のよそからも、また出てくる可能性はありますよ。

野依良治守護霊　うーん。いや、でも「美容家に転身しろ」っていう声も、一部にはあるらしいからさあ。

里村　（苦笑）

野依良治守護霊　なんか、メイクがうまいらしい。

里村　いや、いや（苦笑）。そんなものは……。

野依良治守護霊　ええ？　「やつれたメイクがうまいらしい」っていうんで、なかなか美容……。

斉藤　ですが、小保方さんご自身は、一年間の雇用契約《こようけいやく》を更新《こうしん》されて、まだ理研にいらっしゃいますので、なんとか「ウィン・ウィン」の道を探せればよいのではないでしょうか。

野依良治守護霊　まあ、ちょっと難しいと思うんだよねえ……。

「副センター長の裏切り」を恐《おそ》れる野依氏守護霊

野依良治守護霊　これね、（小保方氏が）勝ったりしたら、やっぱり、これ……、どう考えても、わしが危ないじゃないか。

里村　最後は、ご自分の立場ですね。

野依良治守護霊　だから、今、副センター長が裏切るかどうかでしょう？　これが謀《む》反《ほん》を起こすかどうかにかかってる。これは、「軍師官兵衛《かんべえ》」の世界だよ、もう完璧《かんぺき》にねえ。

綾織　（笑）

野依良治守護霊　裏切るかどうか。これにかかってるのよ。

里村　裏切りではないんです。別に、理事長に対する裏切りとか、そういうことではなくて……。

野依良治守護霊　みんな、転職先さえ確保できれば、裏切る可能性はあるからさあ。

里村　いや、科学という、神の世界のなかにおいては、みなが、正直に、誠実にやらなければいけないという、その一点です。

野依良治守護霊　この副センター長が、いい役を取ってさあ。わしが、ずっと保護してたのに、「上からの圧力に屈《くっ》して、こうなって申し訳ない」みたいなこと言ったら、名前を上げてしまうよなあ。きっとなあ。

12 「守護霊」が分からない野依氏守護霊

理研の理事長が語る「科学観」とは

里村　では、お伺《うかが》いしますけれども、やはり、「科学は万能（オールマイティ）である」というお考えですか。

野依良治守護霊　万能細胞のもとは……、まあ、科学は万能であるから、そうなんだよ。

里村　「科学には、分からない世界はない」とお考えですか。

野依良治守護霊　いや。科学で分からない世界があってはならない。

里村　あってはならない？　逆に言うと、科学で分からない世界は「ない」ことにする？

野依良治守護霊　「ない」というか、証明されないものは、「ない」のと同じだよ。

里村　「むしろ、今の科学では分からないからこそ、探究しよう」と思わないのですか。

野依良治守護霊　いや。「分かるところを積み重ねていくことが科学だ」と考えている。

里村　なるほど。そうなれば、霊界《れいかい》と科学も、やはり、いつかは一致《いっち》した結果を生めると思います。

野依良治守護霊　ああ、それは、「幻想科学《げんそうかがく》」というジャンルができるならともかく……。

里村　「これが幻想かどうか」は、未来が決めることです。

野依良治守護霊　だからねえ、君がなんぼ言うたって、「野依良治の守護霊インタビュー」なんて、こんなのをやったって、〝落語の世界〟なんだからさあ。「かたや、小保方さんの守護霊、出てきて、かく語りぃ～、野依は許さず、これを打ち返しぃ～」とか言うて、みんな落語になっちゃうんだから。上方《かみがた》落語だよ。

里村　（笑）最後に、たいへん素晴《すば》らしい口上《こうじょう》をお聞かせいただきましたけれども（笑）（会場笑）、今日は、なかなか、お伺いできない野依理事長の「本心の部分」を明かしてくださったと思います。

野依良治守護霊　本心は、清らかで、まったく私心がなかっただろう?

里村　それは、読んだ方が判断されることだと思います。

野依良治守護霊　だからねえ、まあ、君らは、大学がどうのこうのと言ってるけど、「宗教が大学をつくる」なんて、百年早いよ、ほんとにねえ。

里村　いやいやいや。

野依良治守護霊　もうちょっと謙虚《けんきょ》でありなさい、謙虚で。特にねえ、科学分野をつくろうなんていうのはねえ……。こんなの、「実績ゼロ」なんだから。

里村　大学というのは、神学、要するに、宗教から湧《わ》いてきているものです。

野依良治守護霊　まあ、五百年ぐらいかけりゃあ、できるかもしれないけどね。利害を超《こ》えて、「真実」を探究する幸福の科学

里村　（質問者に）あとは、よろしいでしょうか。

綾織　はい。たいへんお忙《いそが》しいと思いますし、理研の内部もたいへんな状況《じょうきょう》になって……。

野依良治守護霊　これ（小保方氏）は信者なんじゃないの？　ここまで語れるなんて、おかしいよ。

里村　私たちは、「信者かどうか」は言えません。

野依良治守護霊　えっ？　「言えません」ってことは、「そうだ」っていうことだよ。

里村　個人情報ですので言えません。

野依良治守護霊　ええ？

里村　私たちは、そういう利害とは関係ないところで、あくまでも、「事実」「真実」を探究しているだけです。利害は、一切《いっさい》、関係ありません。

野依良治守護霊　いや。これはねえ、男に取り入るのがうまいからさあ。どっかの酒場で出会って、鼻毛をこう、くくっと……。

綾織　いえ、残念ながら、全然、お会いしたことはありません。

里村　「女であろうが、男であろうが関係なく、私たちは、事実の追究、探究に乗り出す」ということです。それをご理解ください。

野依良治守護霊　うーん……。

「霊界《れいかい》の法則」を唯物《ゆいぶつ》的に解釈《かいしゃく》しようとする野依氏守護霊

綾織　ありがとうございました。理研の大変な状態というのは、よく分かりました。

野依良治守護霊　わしは、いったい、何なのよ？

綾織　もう戻《もど》って、理研の仕事をしないと……。

野依良治守護霊　これは、なんだ？　このシステムは、いったい、どんなんなっとるの？

里村　あなたは、野依理事長の守護霊です！

野依良治守護霊　いや、ここのシステムは、いったい、どんなんなってるわけ？

里村「それを科学で探究してください」ということです。

野依良治守護霊　分からないよ、これ。だって、実験室がないじゃんか、何にも。

里村「そういうシステムが霊界《れいかい》にある」ということを、どうか、これから探究していただきたいと思います。

野依良治守護霊　うーん……、それは、まあ、インターネットだとか、スマホだとか、あんな感じのシステムと、よく似ているのかもしれないなあと思いつつも、それに当たるものがないので……。

里村　ええ。ありません。

綾織　それが宗教なのです。宗教の秘儀《ひぎ》なので……。

野依良治守護霊　もしかして、この人（大川隆法）は〝ロボット〟かなんかじゃない？

里村　いいえ、違《ちが》います。

野依良治守護霊　え？

里村　そんなことはありません。

野依良治守護霊　頭のなかには、機械か何かが……。ロボコップ（アメリカSF映画に登場するキャラクター）ってあるね。あの、頭が機械になってる……。

里村　これが「霊界の法則」なんです。宗教は、それを探究しています。私たちは、そういうものを探究しているということをご理解ください。

野依良治守護霊　ちょっとワープしすぎてるよな。手順を踏《ふ》んでないよな。君たちは、やっぱり、マナーからスタートしたほうがいいわ。

「科学の使命」を誤解している野依氏守護霊

里村　ただ、今回、ご本人が、それ（霊言《れいげん》）を経験されたということで……。

野依良治守護霊　経験なんかしてない。本人は何にも……。寝《ね》てるかもしれないし、分からないじゃん、そんなの。

里村　いや、これは、必ず、あなたから本人に伝わっていきます。今、図《はか》らずも、「本人」とおっしゃいましたけれどもね。地上にいる野依さん本人の……。

野依良治守護霊　うーん、そうか。まあ、私も、仕組みはよく分かんないんだけど、とにかく、「神」とか、「仏」とか、「霊界」とか、「転生輪廻《てんしょうりんね》」とか、もういいかげんにしてくれよ。それを〝葬《ほうむ》る〟のが、「科学の使命」なんだからさあ。

綾織　いいえ。それを探究するのが、「科学の使命」です。

野依良治守護霊　（舌打ち）分かってないな……。

綾織　それを、幸福の科学大学はやります。

野依良治守護霊　〝小保《オボ》〟は、うまいことやるなあ、ほんとにもう。騙《だま》くらかすことについては、天才やろう?

里村　騙していません。

野依良治守護霊　宗教を、丸ごと、コロッとやるんだよなあ。

綾織　今、ご自身の身が、たいへん危ない状態ということですので……。

野依良治守護霊　これは、次、教祖《きょうそ》になるんじゃない? 教祖になるかもしれない。

里村　そんなことはありません。

綾織　ぜひ、お戻りいただいて、やるべき仕事をしなければならないと思いますので……。

野依良治守護霊　「幸福の科学」とかいってねえ、おまえらは、人を騙してるからね。

綾織　これが、「科学」です。

里村　ぜひ、理研のなかを、きちんとまとめていただきたいと思います。

野依良治守護霊　これでは、理研も名前を変えなきゃ、もたないね。

里村　理研も？（笑）

野依良治守護霊　うん。どうも、ちょっと何か〝響《ひび》き〟が悪くなってきた。

里村 （笑）問題はありません。そこには問題はございませんので……。

綾織 これから、イメージを上げていけばよいと思います（笑）。

野依良治守護霊 え？

里村 お仕事のほうの成功をお祈《いの》りしております。今日は、本当にありがとうございました。

野依良治守護霊 何だか、よく分からんけど、何？ 何？

里村 これから分かることです。

自分が霊《れい》であることが理解できずに混乱する

野依良治守護霊　結局、何なんだね？　これは、いったい。結局、何なわけ？

里村　これが、「守護霊の霊言《れいげん》」ということです。

綾織　今日は、野依さんのご本心をお伺いできたということです。これは、本心ですよね？　間違いありませんよね？

野依良治守護霊　（舌打ち）うーん……。

里村　今、嘘《うそ》を言っていませんね？

野依良治守護霊　いや、でも、何で、こういうことが……。

里村　起きるんです。

野依良治守護霊　だって、わしは、新幹線に乗ってないで。

里村　今、それが起きているのです。新幹線も何も要《い》りません。

野依良治守護霊　車に乗ってきた覚えもない。

綾織　そうですね。

野依良治守護霊　飛行機にも、新幹線にも、車にも乗らずに、ここにいる。

綾織　はい。

野依良治守護霊　これは、おかしい。

里村　それが、これから明かされる「霊界科学」……。

野依良治守護霊　昨日は、なんだか、違う家にいたんだ。違う家にいたんだよ。これは、どういうことなの？

綾織　ぜひ、その問題意識を、ずっと持ち続けていただければと思います。

野依良治守護霊　これがねえ、ちょっと分かんないのよお。わしのほうが〝電波〟を発信したっていうのは分かる。でも、発信機を持ってないのに、なんで発信ができるの？　受信機は、いったい、どこにあるの？

綾織　〝受信機〟は、ここにあるのですけれども……。

里村　それが霊能力《れいのうりょく》というものなのです。

野依良治守護霊　いやあ、それは、やっぱり、いかがわしいわ。うーん……。〝小保《オボ》〟は、これを信じられるのかなあ？

綾織　ご本人からは何も伺っていませんけれども……。

野依良治守護霊　まあ、利用するだけ利用する気だよ。あの女のことだからな。

綾織　いえ、関係ありません。

里村　まあ、今回は、よい経験をされたということで……。

野依良治守護霊　いやあ……（舌打ち）。うーん。

里村　今日は、お忙しいでしょうから、もうお帰りいただきたいと思います。

最後まで「小保方氏をガリレオ扱《あつか》いするのはやめてくれ」

野依良治守護霊　これで、わしのクビはつながったのか？　つながらなかったのか？　どうなったんだ。

綾織　あなたの、これからの行動次第《しだい》ですね。

野依良治守護霊　うーん……。

綾織　ぜひ、ご本人に（霊言を）読んでいただいて、どうされるかによると思います。

野依良治守護霊　こんなものは読めないかもしれない。発狂《はっきょう》するかもしれないねえ。

綾織　そうですか。

野依良治守護霊　困ったねえ。もしかして、これが、いろんな人から献本《けんぽん》されて、何十冊もくるんじゃない？

里村　はい（苦笑）。

野依良治守護霊　もう、参るなあ。気が狂《くる》うよ。「自分の霊言」なんていうのが、百冊も積み上がってみろよ。

里村　これからどうなるかは、野依理事長の……。

野依良治守護霊　これについて、マスコミが問い合わせてきたらどうするの？　どう答えたらいいわけ？

綾織　素直に答えられたらいいと思います。

野依良治守護霊　「行きましたか？」と言われて、「それは分からん……」って……

（会場笑）。

里村　「行ったようですね」でもいいし、「行きました」でもよろしいです。

野依良治守護霊　そんなの分からん。

さっき、わしが〝売り込《こ》んだ〟みたいな言い方されたよなあ。

綾織　まあ、ご自身から来られたので、〝売り込んで〟きたのかもしれないですね。

野依良治守護霊　わしは、なんでかは知らんけど、ここに来れて、話ができただけなんで、なんでかは分からない。

里村　でも、ご自分が、「話がしたい。言いたい、言いたい」と言ってこられたのですから……。

野依良治守護霊　いや、考えてたら来てただけ……らしいので、分からないんだよ。ちょっと困った。これは、この後《あと》の始末が大変だな。

里村　つまり、「思考」が「人間の本質」なのです。

野依良治守護霊　（舌打ち）

里村　ということで……。

野依良治守護霊　じゃあ、小保方をガリレオ扱《あつか》いするの、やめてくれないかなあ？

里村　もう、いいですから（笑）。

綾織　もう、十分、伺いました。

野依良治守護霊　うーん、そう……。

里村　もう結構です。今日は、ありがとうございました。

野依良治守護霊　はい……。

斉藤　ありがとうございました。

野依良治氏守護霊の霊言《れいげん》を終えて

大川隆法　（手を二回叩《たた》く）なんとまあ、（守護霊を）信じていなくても霊言《れいげん》ができるなんて、不思議な……。

里村　（笑）

大川隆法　まこと不思議ですね。（机上《きじょう》の野依氏の著書を手に取って）『事実は真実の敵なり』と書名に書いてありますが、そのとおりでしたね。

里村　タイトルのとおりでございました（笑）。

大川隆法　「事実」は「真実の敵」で（笑）、彼が思う「事実」というのは、「真実の敵」だったわけです。

里村　はい。

大川隆法　あるいは、（同じく机上の本を手に取って）『人生は意図を超《こ》えて』とありますが、これも、そのとおりでした。

里村　（笑）

大川隆法　自分の意図を超えて起きるのですね（会場笑）。

里村　はい。

大川隆法　そのとおりであり、正しいです。よいところを突《つ》いているのではないでしょうか。そのままですよ。自分の意図を超えて、最後に、宗教にたどり着いてもよいではないですか。

里村　はい。

大川隆法　（合掌《がっしょう》しながら）ともあれ、すべてが、「よい方向」に行きますように、お願いしたいと思います。

（手を一回叩く）ありがとうございました。

一同　ありがとうございます。

あとがき

本日現在、政府は「STAP細胞」をめぐる判断は保留しつつ、成長戦略の一つとしての理研への予算の増額案を凍結するらしい。新聞やテレビ、週刊誌等の小保方晴子さんへの「魔女狩り報道」も中立的なものに変わってきたようだ。

このあとがきを書いている六時間後の、本日の午後三時頃には、小保方さんの上司にあたる理研の副センター長が記者会見するそうだが、敵前逃亡した前科からみて、中途半端な弁明になりそうだ。STAP細胞の存在を認めつつ、野依理事長の顔も立てなくてはならないからだ。

バカンティ教授に「バカ」にされつつ、日本の科学者はどこまで迷走するのだろうか。本書を小保方さんの守護霊インタビューと比較して頂ければ、対立の構図はより鮮明になり、ようやく理解されるだろう。

二〇一四年　四月十六日

幸福《こうふく》の科学《かがく》グループ創始者兼総裁《そうししゃけんそうさい》　大川隆法《おおかわりゅうほう》

大川隆法著作関連書籍

『「嫉妬・老害・ノーベル賞の三角関数」守護霊を認めない
理研・野依良治理事長の守護霊による、ＳＴＡＰ細胞潰し霊言』

（幸福の科学出版刊）

『小保方晴子さん守護霊インタビュー　それでも「ＳＴＡＰ細胞」は存在する』

『「未来産業学」とは何か』（同右）

『守護霊インタビュー　朴槿惠韓国大統領　なぜ、私は「反日」なのか』（同右）

『公開霊言　ガリレオの変心』（同右）

『湯川秀樹のスーパーインスピレーション』（同右）

『アインシュタインの警告』（同右）

「嫉妬《しっと》・老害《ろうがい》・ノーベル賞《しょう》の三角関数《さんかくかんすう》」
守護霊《しゅごれい》を認《みと》めない理研《りけん》・野依良治《のよりりょうじ》理事長《りじちょう》の
守護霊《しゅごれい》による、STAP 細胞潰《さいぼうつぶ》し霊言《れいげん》

──されど「事実」は時に科学者の「真実」を超える──

2014年 4 月19日　初版第 1 刷

著　者　　大《おお》 川《かわ》 隆《りゅう》 法《ほう》

発行所　　幸福の科学出版株式会社

〒107-0052 東京都港区赤坂 2 丁目 10 番 14 号
TEL(03)5573-7700
http://www.irhpress.co.jp/

印刷・製本　株式会社 東京研文社

落丁・乱丁本はおとりかえいたします

ISBN978-4-86395-461-8 C0030

大川隆法霊言シリーズ・最新刊

項羽と劉邦の霊言　項羽編
―― 勇気とは何か

真のリーダーの条件とは何か――。
乱世の英雄・項羽が、「小が大に勝つ極意」や「人物眼」の鍛え方、さらに、現代の中国や世界情勢について語る。

1,400円

項羽と劉邦の霊言　劉邦編
―― 天下統一の秘術

2200年前、中国の乱世を統一した英雄・劉邦が、最後に勝利をつかむための「人間学」「人材論」「大局観」を語る。意外な転生の姿も明らかに。

1,400円

小保方晴子さん守護霊インタビュー
それでも
「STAP細胞」は存在する

小保方氏に対するマスコミの行きすぎとも言える疑惑報道――。記者会見前日に彼女の守護霊が語ったＳＴＡＰ細胞の真実と、衝撃の過去世とは！

1,400円

大川隆法霊言シリーズ・無神論・唯物論を打破する

進化論―150年後の真実
ダーウィン／ウォーレスの霊言

ダーウィン「進化論」がもたらした功罪とは？ ウォーレスが唱えた、もうひとつの「進化論」とは？ 現代人を蝕む唯物論・無神論のルーツを解明する。

1,400円

公開霊言
ニーチェよ、神は本当に死んだのか？

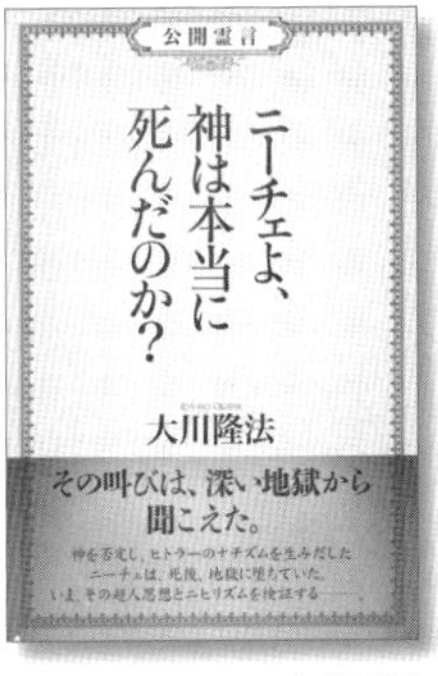

神を否定し、ヒトラーのナチズムを生み出したニーチェは、死後、地獄に堕ちていた。いま、ニーチェ哲学の超人思想とニヒリズムを徹底霊査する。

1,400円

フロイトの霊言
神なき精神分析学は
人の心を救えるのか

人間の不幸を取り除くはずの精神分析学。しかし、その創始者であるフロイトは、死後地獄に堕ちていた――。霊的真実が、フロイトの幻想を粉砕する。

1,400円

幸福の科学出版

幸福の科学グループのご案内

宗教、教育、政治、出版などの活動を通じて、地球的ユートピアの実現を目指しています。

宗教法人　幸福の科学

一九八六年に立宗。一九九一年に宗教法人格を取得。信仰の対象は、地球系霊団の最高大霊、主エル・カンターレ。世界百カ国以上の国々に信者を持ち、全人類救済という尊い使命のもと、信者は、「愛」と「悟り」と「ユートピア建設」の教えの実践、伝道に励んでいます。

（二〇一四年四月現在）

愛

幸福の科学の「愛」とは、与える愛です。これは、仏教の慈悲《じひ》や布施《ふせ》の精神と同じことです。信者は、仏法真理をお伝えすることを通して、多くの方に幸福な人生を送っていただくための活動に励んでいます。

悟り

「悟り」とは、自らが仏の子であることを知るということです。教学《きょうがく》や精神統一によって心を磨き、智慧《ちえ》を得て悩みを解決すると共に、天使・菩薩《ぼさつ》の境地を目指し、より多くの人を救える力を身につけていきます。

ユートピア建設

私たち人間は、地上に理想世界を建設するという尊い使命を持って生まれてきています。社会の悪を押しとどめ、善を推し進めるために、信者はさまざまな活動に積極的に参加しています。

国内外の世界で貧困や災害、心の病で苦しんでいる人々に対しては、現地メンバーや支援団体と連携して、物心両面にわたり、あらゆる手段で手を差し伸べています。

年間約３万人の自殺者を減らすため、全国各地で街頭キャンペーンを展開しています。

公式サイト **www.withyou-hs.net**

ヘレン・ケラーを理想として活動する、ハンディキャップを持つ方とボランティアの会です。視聴覚障害者、肢体不自由な方々に仏法真理を学んでいただくための、さまざまなサポートをしています。

公式サイト **www.helen-hs.net**

教育

学校法人 幸福の科学学園

学校法人 幸福の科学学園は、幸福の科学の教育理念のもとにつくられた教育機関です。人間にとって最も大切な宗教教育の導入を通じて精神性を高めながら、ユートピア建設に貢献する人材輩出を目指しています。

幸福の科学学園

中学校・高等学校（那須本校）
2010年4月開校・栃木県那須郡（男女共学・全寮制）
TEL **0287-75-7777**
公式サイト **happy-science.ac.jp**

関西中学校・高等学校（関西校）
2013年4月開校・滋賀県大津市（男女共学・寮及び通学）
TEL **077-573-7774**
公式サイト **kansai.happy-science.ac.jp**

幸福の科学大学（仮称・設置認可申請中）
2015年開学予定
TEL **03-6277-7248**（幸福の科学 大学準備室）
公式サイト **university.happy-science.jp**

仏法真理塾「サクセスNo.1」 TEL **03-5750-0747**（東京本校）
小・中・高校生が、信仰教育を基礎にしながら、「勉強も『心の修行』」と考えて学んでいます。

不登校児支援スクール「ネバー・マインド」 TEL **03-5750-1741**
心の面からのアプローチを重視して、不登校の子供たちを支援しています。
また、障害児支援の**「ユー・アー・エンゼル!」**運動も行っています。

エンゼルプランV TEL **03-5750-0757**
幼少時からの心の教育を大切にして、信仰をベースにした幼児教育を行っています。

シニア・プラン21 TEL **03-6384-0778**
希望に満ちた生涯現役人生のために、年齢を問わず、多くの方が学んでいます。

学校からのいじめ追放を目指し、さまざまな社会提言をしています。また、各地でのシンポジウムや学校への啓発ポスター掲示等に取り組むNPO「いじめから子供を守ろう！ネットワーク」を支援しています。

公式サイト **mamoro.org**
ブログ **mamoro.blog86.fc2.com**
相談窓口 **TEL.03-5719-2170**

政治

幸福実現党

内憂《ないゆう》外患《がいかん》の国難に立ち向かうべく、二〇〇九年五月に幸福実現党を立党しました。創立者である大川隆法党総裁の精神的指導のもと、宗教だけでは解決できない問題に取り組み、幸福を具体化するための力になっています。

党員の機関紙
「幸福実現NEWS」

TEL 03-6441-0754
公式サイト hr-party.jp

出版メディア事業

幸福の科学出版

大川隆法総裁の仏法真理の書を中心に、ビジネス、自己啓発、小説など、さまざまなジャンルの書籍・雑誌を出版しています。他にも、映画事業、文学・学術発展のための振興事業、テレビ・ラジオ番組の提供など、幸福の科学文化を広げる事業を行っています。

アー・ユー・ハッピー?
are-you-happy.com

ザ・リバティ
the-liberty.com

幸福の科学出版
TEL 03-5573-7700
公式サイト irhpress.co.jp

THE FACT
ザ・ファクト
マスコミが報道しない
「事実」を世界に伝える
ネット・オピニオン番組

Youtubeにて
随時好評配信中!

ザ・ファクト 検索